Dirk Lickschat
Vertrieb 2.0 auf LinkedIn

Vertrieb 2.0 auf LinkedIn

Dirk Lickschat

Bibliografische Information der Deutschen Nationalbibliothek: Die Deutsche Nationalbibliothek verzeichnet diese Publikation in der Deutschen Nationalbibliografie; detaillierte bibliografische Daten sind im Internet über http://dnb.dnb.de abrufbar.

Die automatisierte Analyse des Werkes, um daraus Informationen insbesondere über Muster, Trends und Korrelationen gemäß §44b UrhG („Text und Data Mining") zu gewinnen, ist untersagt.

Verlag: BoD · Books on Demand GmbH, Überseering 33, 22297 Hamburg, bod@bod.de

Druck: Libri Plureos GmbH, Friedensallee 273, 22763 Hamburg

ISBN: 978-3-8192-4522-0

Inhaltsverzeichnis

1.0 EINLEITUNG

In den letzten Jahren hat sich LinkedIn von einer reinen Karriereplattform zu einem der wichtigsten Kanäle für den B2B-Vertrieb entwickelt. Unternehmen, Vertriebsmitarbeiter und Selbstständige haben erkannt, dass sich über LinkedIn nicht nur Kontakte knüpfen, sondern auch qualifizierte Leads generieren und langfristige Geschäftsbeziehungen aufbauen lassen. Doch viele Vertriebler stehen vor der Herausforderung, LinkedIn effizient und strategisch zu nutzen. Es reicht nicht aus, nur ein Profil zu haben und gelegentlich Beiträge zu liken.

Für erfolgreiches Social Selling ist eine gezielte Positionierung, eine aktive Netzwerkstrategie und ein tiefgehendes Verständnis für die Mechanismen von LinkedIn erforderlich. Dieses Buch richtet sich an alle Vertriebsleiter, Unternehmer und Vertriebs- und Marketingprofis, die Schwierigkeiten haben, kontinuierlich qualifizierte Leads für ihre Vertriebspipeline zu gewinnen.

Seit über einem Jahrzehnt helfe ich Unternehmen dabei, Social Selling erfolgreich einzusetzen. Was mich dabei immer wieder erstaunt: Wie viel Geld in Marketing- und Vertriebsstrategien investiert wird, die schlichtweg nicht funktionieren!

Mit diesem Buch möchte ich aufzeigen, welches enorme Potenzial Social Selling für jedes Unternehmen bietet – unabhängig von Branche, Unternehmensgröße oder Umsatz. Social Selling erfordert keine hohen Budgets, sondern kann mit überschaubarem Einsatz große Wirkung entfalten. Wenn es richtig gemacht wird, kann es:

Ihr Unternehmen als die Marke in Ihrer Branche positionieren, einen konstanten Strom an Leads generieren und Ihrem Vertriebsteam helfen, ihre persönliche Marke aufzubauen und so ihre Pipeline zu füllen. Zudem kann es die Sichtbarkeit und Bekanntheit Ihrer Produkte und Dienstleistungen steigern und Vertrieb und Marketing aufeinander abstimmen. Dazu zählen:

- Positionierung des Unternehmens als die Marke in der Branche
- Generierung eines konstanten Stroms an Leads
- Unterstützung des Vertriebsteams beim Aufbau der persönlichen Marke zur Füllung der Pipeline
- Steigerung der Sichtbarkeit und Bekanntheit der Produkte und Dienstleistungen
- Abstimmungen zwischen Vertrieb und Marketing zur Vermeidung von Schuldzuweisungen
- Verschaffung eines massiven Wettbewerbsvorteils
- Bindung und langfristige Sicherung bestehender Kunden
- Öffnung von Türen zu großen Kunden und Sicherung neuer Schlüsselkunden
- Anziehung hochkarätiger Mitarbeiter zur Weiterentwicklung des Unternehmens
- neue Kunden durch eingehende Anfragen (Inbound Leads) gewinnen

Der Fokus dieses Buches liegt auf Outbound-Strategien, also der proaktiven Ansprache potenzieller Kunden.

Grundsätzlich gibt es zwei Wege, über Social Selling neue Kunden zu gewinnen: Inbound- und Outbound-Leads. Viele Unternehmen fokussieren sich jedoch nur auf die Content-Erstellung und den Aufbau einer persönlichen Marke und gehen davon aus, dass dies für neue Kunden sorgt. Doch in der Praxis erweist sich diese Vorgehensweise oft als unzureichend.

Oft wird in teure Sales Navigator-Lizenzen investiert, aber die Generierung von Leads bleibt hinter den Erwartungen zurück. Die Geschäftsleitung erwartet, dass das Vertriebsteam durch LinkedIn plötzlich neue Geschäftsmöglichkeiten erschließt – einfach nur, weil es nun ein Tool zur Verfügung hat. Doch so funktioniert es nicht!

Social Selling ist ein Marathon, kein Sprint. Sie erhoffen sich eine Abkürzung oder eine einfache Lösung, ohne sich der Tatsache bewusst zu sein, dass der Aufbau einer starken persönlichen Marke und einer nachhaltigen Vertriebspipeline Zeit in Anspruch nimmt.

Ohne das nötige Wissen darüber, wie man Entscheider gezielt anspricht, wie man erfolgreiche Routinen entwickelt und sich auf LinkedIn von der Masse abhebt, scheitern die meisten – und geben auf.

Dieses Buch wurde von mir mit dem Ziel verfasst, Sie und Ihr Team bei der Optimierung Ihrer Vertriebsprozesse zu unterstützen. Auch wenn Sie als Unternehmer tätig sind und kein eigenes Vertriebsteam haben oder aktuell keinen Sales Navigator nutzen, werden Sie aus diesem Buch wertvolle Impulse mitnehmen. Eventuell führt dies zu der Entscheidung, in diese Tools zu investieren. Unabhängig davon, ob Sie mit oder ohne Sales Navigator arbeiten – das Ziel dieses Buches ist es, Ihnen zu zeigen, wie Sie aktiv Geschäftsmöglichkeiten für Ihr Unternehmen generieren können.

Ich habe eine umfangreiche Zeit in die LinkedIn-Plattform investiert und arbeite seitdem kontinuierlich damit. Alle Inhalte dieses Buches sind in der Praxis getestet, sowohl in meinem eigenen Unternehmen als auch bei Kunden aus dem Mittelstand und dem Konzernbereich.

Ich bevorzuge Literatur, die konkrete Handlungsanweisungen bietet, daher ist auch dieses Buch entsprechend konzipiert. Es ist prägnant, pragmatisch und auf die Umsetzung fokussiert.

In diesem Buch erfahren Sie, wie Sie LinkedIn systematisch für den Vertrieb einsetzen können. Ich zeige Ihnen, welche Elemente ein überzeugendes Profil ausmachen, wie Sie Ihr Netzwerk gezielt erweitern und mit relevanten Inhalten Sichtbarkeit aufbauen. Ebenso werden bewährte Strategien für die Lead-Generierung und den effektiven Vertriebsprozess über LinkedIn vermittelt.

Dieses Buch richtet sich an alle, die LinkedIn professionell für den Vertrieb nutzen möchten. Das gilt für Unternehmer, Vertriebsmitarbeiter und Marketingverantwortliche gleichermaßen. Egal, ob Sie am Anfang stehen oder bereits Erfahrung mit LinkedIn gesammelt haben, hier finden Sie praxisnahe Tipps und erprobte Strategien, die Ihnen helfen, Ihr Vertriebspotenzial auf LinkedIn voll auszuschöpfen.

Ich lade Sie ein, gemeinsam mit mir in die Welt des digitalen Vertriebs auf LinkedIn einzutauchen und die Chancen dieses einzigartigen Netzwerks optimal zu nutzen. Ich wünsche Ihnen viel Spaß beim Lesen und vor allem: Nutzen Sie das Gelernte direkt!

2.0 LINKEDIN IM VERTRIEB

LinkedIn hat sich als führende Plattform für B2B-Kommunikation etabliert. Während klassische Vertriebskanäle wie Messen, Kaltakquise oder E-Mail-Marketing weiterhin ihre Daseinsberechtigung haben, bietet LinkedIn eine einzigartige Möglichkeit, potenzielle Kunden gezielt anzusprechen und langfristig zu binden.

Zugang zu Entscheidungsträgern

Einer der größten Vorteile von LinkedIn ist der unmittelbare Zugang zu Entscheidungsträgern wie Geschäftsführern, Einkaufsleitern und anderen relevanten Akteuren. Die Kommunikation mit Führungskräften ist somit besonders einfach. Während E-Mails und Anrufe oft unbeachtet bleiben, ermöglichen gut durchdachte Strategien eine direkte, aber unaufdringliche Kontaktaufnahme.

Entscheidungsträger nutzen LinkedIn aktiv für den Austausch mit anderen Branchenexperten und zur Informationsgewinnung. Ein geeigneter Einstieg ist der Austausch über Branchentrends.

Vertrauen ist eine wichtige Grundlage für den Erfolg eines Unternehmens

Veröffentlichen Sie wertvolle Inhalte und nehmen Sie an Diskussionen teil. So etablieren Sie sich als Experte. Im modernen Vertrieb ist Vertrauensaufbau entscheidend, da Kunden nach authentischen und kompetenten Anbietern suchen. Wer fundierte Einblicke und Fachwissen teilt, wird als kompetente Autorität wahrgenommen. Kunden arbeiten lieber mit Experten zusammen, denen sie vertrauen.

Dauerhafte Lead-Generierung

LinkedIn bietet Tools zur Lead-Generierung, z. B. Content-Marketing und Werbekampagnen. Durch intelligente Vernetzung und strategisch ausgerichtete Inhalte können potenzielle Kunden erreicht werden, ohne sie mit Verkaufsbotschaften zu vergraulen. Der Schlüssel zum Erfolg liegt in einer nachhaltigen Strategie, die auf Mehrwert, Sichtbarkeit und Interaktionen setzt.

Vertriebsprozesse effizient gestalten

Durch den Einsatz von Automatisierungstools, CRM-Integrationen und Analyse-möglichkeiten lassen sich Vertriebsprozesse auf LinkedIn steuern und Ressourcen optimal nutzen. Der LinkedIn Sales Navigator ermöglicht eine präzisere Suche nach Entscheidungsträgern und die Verwaltung von Leads. Tools wie Buffer, Hootsuite oder Publer ermöglichen die regelmäßige Veröffentlichung von Beiträgen. Dabei ersetzt Automatisierung die persönliche Kommunikation, sie unterstützt sie.

Zukunftssicherheit im digitalen Vertrieb

Die Digitalisierung verändert den Vertrieb. Unternehmen, die LinkedIn nutzen, haben einen deutlichen Wettbewerbsvorteil. In der B2B-Welt treffen Sie auf informierte Kunden. Kaufentscheidungen werden heute durch Online-Recherche, Bewertungen und Netzwerkaustausch geprägt. Entscheider bevorzugen interaktive digitale Kanäle gegenüber Kaltakquise. Sie erwarten hochwertige Inhalte und echten Mehrwert, bevor sie eine Entscheidung treffen. Unternehmen, die sich frühzeitig mit diesen Veränderungen auseinandersetzen und Social-Selling strategisch nutzen, werden langfristig erfolgreich sein.

In den folgenden Kapiteln zeigen wir, wie Sie LinkedIn für Ihren Vertrieb nutzen können

3.0 SOCIAL SELLING VERÄNDERT DEN VERTRIEB

Die Art und Weise, wie Unternehmen im B2B-Bereich verkaufen, hat sich in den letzten Jahren grundlegend geändert. Es wird untersucht, welche Faktoren beim digitalen Verkaufen von entscheidender Bedeutung sind und wie sich diese Prozesse von klassischen Methoden unterscheiden. Kunden erwarten heute eine andere Ansprache.

Vom Push- zum Pull-Marketing

Früher suchten Unternehmen aktiv nach Kunden. Social Selling ist ein Prinzip, das eine Abkehr von dieser Vorgehensweise markiert. Es zielt darauf ab, durch die Schaffung wertvoller Inhalte Interesse zu generieren und Kunden auf organischem Wege anzusprechen. Das sogenannte Pull-Marketing gewinnt damit zunehmend an Bedeutung.

Zu den charakteristischen Merkmalen des Push-Marketings zählen Kaltakquise per Telefon oder E-Mail, Direktmarketing in Form von Werbeanzeigen im Fernsehen, in Printmedien oder im Internet, eine auf das Produkt fokussierte Kommunikation sowie der Einsatz harter Vertriebsstrategien mit dem schnellen Abschluss als vorrangiges Ziel. Diese Vorgehensweise ruft jedoch zunehmend Widerstand bei den Kunden hervor, die unaufgeforderte Kontaktversuche ablehnen. Die moderne Vertriebsstrategie ist auf Pull-Marketing aufgebaut. Hierbei dreht sich alles darum, Kunden organisch anzuziehen, in dem Sie selbst auf das infrage kommende Unternehmen aufmerksam werden. Der Fokus liegt auf Mehrwert, Expertise und Vertrauen.

Pull-Marketing zeichnet sich durch Content Marketing aus, zu dem Fachartikel, Whitepaper und Videos gehören. Weiterhin relevant sind Beiträge auf LinkedIn, Diskussionen und Interaktion mit der Zielgruppe. Ein weiterer wesentlicher Aspekt ist Inbound-Marketing, bei dem SEO-optimierte Inhalte erstellt werden, die potenzielle Kunden bei ihrer Recherche entdecken. Ein weiterer wesentlicher Aspekt ist die regelmäßige Interaktion mit potenziellen Kunden, um deren Vertrauen zu gewinnen.

Die Zeiten, in denen Kunden passiv darauf warteten, dass Unternehmen sie kontaktieren, sind längst vorbei. Heute wählen sie selbst aus, mit welchen Anbietern sie zusammenarbeiten möchten und legen dabei Wert auf Mehrwert und Service. Unternehmen, die frühzeitig auf Pull-Strategien setzen, sichern sich langfristige Wettbewerbsvorteile.

Moderne B2B-Kunden informieren sich online, bevor sie kaufen. Sie vergleichen Anbieter, lesen Erfahrungsberichte und konsumieren Fachartikel oder Webinare. Unternehmen, die frühzeitig präsent sind und relevante Inhalte bereitstellen, haben einen Wettbewerbsvorteil.

Vertrauensaufbau durch die persönliche Marke

Durch Social Selling positionieren Vertriebsmitarbeiter sich als Experte in ihrem Fachgebiet. Sie bauen Vertrauen auf durch regelmäßige, hilfreiche Interaktionen. LinkedIn bietet hierfür Möglichkeiten wie Fachartikel, Kommentare oder persönliche Nachrichten.

Langfristige Kundenbeziehungen statt einmaliger Abschlüsse

Während der klassische Vertrieb sich auf den Abschluss eines einzelnen Geschäfts konzentrierte, liegt der Fokus beim Social Selling auf dem Aufbau nachhaltiger Kundenbeziehungen. Durch kontinuierlichen Austausch und die Bereitstellung von Mehrwert bleiben Verkäufer im Gedächtnis und haben höhere Chancen auf zukünftige Geschäftsabschlüsse.

Neue Technologien im Vertrieb

Moderne Vertriebs- und Marketingtechnologien bieten Unternehmen die Möglichkeit, Social Selling effizient zu gestalten. CRM-Systeme, Automatisierungstools und KI-gestützte Analysen unterstützen dabei, Kontakte strategisch zu pflegen und personalisierte Angebote zu entwickeln.

In den folgenden Kapiteln werden wir detailliert aufzeigen, wie Sie Social Selling erfolgreich in Ihre LinkedIn-Strategie integrieren und so Ihre Vertriebsergebnisse nachhaltig verbessern können.

4.0 WUNSCHKUNDEN UND ZIELMÄRKTE

Um mit Social Selling auf LinkedIn erfolgreich zu sein, muss der eigene Zielmarkt genau verstanden werden. Viele Unternehmen bedienen verschiedene Branchen und Kundentypen, doch auf LinkedIn ist ein Fokus entscheidend. Einige Unternehmen erstellen Kunden-Avatare oder Buyer Personas, andere noch nicht. Um Social Selling strategisch anzugehen, muss die Zielgruppe genau definiert werden.

Wie sieht Ihr ideales Kundenprofil aus?

Bitte konzentrieren Sie sich auf zwei oder drei Hauptzielgruppen. Nutzen Sie die bereitgestellte Schablone, um die Zielgruppen klar zu definieren. Konzentrieren Sie sich dabei auf die Kunden, die Ihnen den höchsten Umsatz und Gewinn bringen.

Die Kunden-Schablone

Mit dieser Schablone können Sie Ihren Fokus schärfen und Ihre ideale Zielgruppe in fünf Kernbereichen definieren:

Industrien: Branchen, Sektoren, Geschäftstypen
Demografie: Unternehmensgröße, Mitarbeiteranzahl, Umsatz
Erfahrung: Schlüsselpersonen, Jobtitel, Verantwortungsbereiche
Attribute: Werte, Ambitionen, Unternehmenskultur, gemeinsame Merkmale
Location: Geografische Lage, Städte, Regionen

Beispiel eines perfekten Kundenprofils:

- Industrien: Maschinenbau, Automobilzulieferer, Medizintechnik, Energiebranche, Logistik
- Demografie: Mindestens 20-köpfiges Vertriebsteam, Umsatz über 100 Mio. €, seit mehr als 10 Jahren am Markt, kontinuierliches Wachstum
- Erfahrung: Vertriebsleiter, Marketingleiter, Geschäftsführer, Business Development Manager

- Attribute: Investiert in digitale Transformation, sucht strategische Partnerschaften, hat ambitionierte Wachstumsziele
- Location: Deutschland, DACH-Region, Europaweit

Wer Schwierigkeiten hat, seinen idealen Kunden zu definieren, sollte die letzten hundert Kunden analysieren. Erstellen Sie eine Tabelle und werfen Sie einen Blick auf die jeweiligen Kriterien.

Der Schmerzpunkt

Definieren Sie Ihren perfekten Kunden und verstehen Sie dessen Probleme und Herausforderungen.

Herausforderungen:

Im Folgenden sind mögliche Problembereiche aufgeführt, die für Kunden relevant sind:

- Schmerz: Welche Faktoren führen zu schlaflosen Nächten?
- Verbesserung: Welche Herausforderungen bestehen im Prozess?
- Frustration: Welche Aspekte führen zur Frustration?
- Alltag: Mit welchen alltäglichen Herausforderungen sieht sich der Kunde konfrontiert?

Beispiel:

Herausforderungen sind mangelnde digitale Sichtbarkeit, ineffiziente Leadgenerierung, ineffiziente Marketingstrategie. Geschäftsführung unter Druck, steigender Wettbewerbsdruck, mangelnde digitale Kompetenz. Verbesserungsmöglichkeit: Skalierbarkeit des Vertriebs. Marketingaktivitäten, digitale Präsenz, interne Abstimmungen. Probleme, neue Kunden zu gewinnen. Fehlende Erfolgskennzahlen. Eine Kenntnis der Herausforderungen Ihrer Kunden unterstützt Sie dabei, effektive Inhalte zu erstellen und Ihr LinkedIn®-Profil so zu gestalten, dass es Anfragen anzieht.

Ihre nächsten Schritte

1. Kopieren Sie das Beispiel und erstellen Sie Ihre eigene Kunden-wunschliste.
2. Erstellen Sie für jede Ihrer Zielgruppen ein Kundenprofil.
3. Falls Sie unsicher sind, analysieren Sie Ihre letzten 10 Kunden auf Ge-meinsamkeiten.
4. Entwickeln Sie ein Profil für jede Zielgruppe.

Sobald Sie Ihren Zielmarkt klar definiert und ausgearbeitet haben, wird alles im Vertrieb und Social Selling viel einfacher!

Grundlagen von LinkedIn

Bevor wir uns den strategischen Einsatzmöglichkeiten widmen, ist es wichtig, die grundlegenden Funktionen und Mechanismen von LinkedIn zu verstehen. In diesem Kapitel werden wir die wichtigsten Elemente der Plattform beleuchten, darunter:

- Die Bedeutung eines professionellen Profils
- Netzwerkaufbau und Verbindungen
- Interaktion und Engagement
- Content-Arten und ihre Wirkung

Mit diesem Wissen legst du das Fundament für eine erfolgreiche LinkedIn-Strategie.

Bevor Sie sich mit der aktiven Ansprache potenzieller Kunden auf LinkedIn befassen, sollten Sie sich bewusst machen, wie Sie sich auf dieser Plattform präsentieren. Ihr LinkedIn-Profil ist Ihr digitaler Botschafter – es arbeitet für Sie rund um die Uhr, 365 Tage im Jahr. Es ist aktiv, wenn Sie schlafen, im Urlaub sind oder gerade in Meetings sitzen. Selbst während Sie dieses Buch lesen, kann Ihr Profil potenzielle Interessenten anziehen.

Ein aussagekräftiges und professionelles LinkedIn-Profil ist die digitale Visitenkarte eines jeden Vertriebsexperten. Bevor potenzielle Kunden auf eine Nachricht antworten oder eine Kontaktanfrage annehmen, prüfen sie Ihr Profil. Hierbei sollten Sie wissen, dass das LinkedIn-Profil mit hoher Wahrscheinlichkeit in der Google-Suche ganz oben erscheint, wenn ein Interessent nach Ihrem Namen sucht. Ein unvollständiges oder schlecht gestaltetes Profil kann Interessenten abschrecken. Ein optimiertes Profil baut Vertrauen auf und positioniert Sie als kompetente Ansprechperson.

Dies betrifft nicht nur das LinkedIn-Profil. Leichte Fehler, die Sie möglicherweise auf anderen sozialen Netzwerken oder Instagram begangen haben, sollten Sie vermeiden, denn auch diese sind leicht zu erkennen und werden auch über Suchmaschinen erfasst.

Mit einem gezielten Vorgehen lässt sich die Anzahl der Profilaufrufe erheblich steigern.

In diesem Kapitel erfahren Sie, welche Elemente Ihr Profil aufweisen sollte, um als vertrauenswürdiger Experte wahrgenommen zu werden.

Ihr Profil als strategisches Verkaufsinstrument

Ihr LinkedIn-Profil sollte kundenzentriert sein und klar vermitteln, wie Sie den potenziellen Kunden helfen. Es geht nicht um Sie, sondern um Ihre Zielgruppe.

Überprüfen Sie Ihr Profil mit diesen Fragen:

- Würden Sie sich selbst als Kunde gewinnen, basierend auf dem, was Ihr Profil über Sie aussagt?
- Könnten Sie auf eine Nachricht antworten, wenn sie von Ihnen kommt?
- Wäre es Ihnen wichtig, sich mit Ihnen in Verbindung zu setzen, um zu sehen, welchen Nutzen Sie bieten?

Die meisten antworten darauf mit "Nein". Doch bevor Sie mit der aktiven Kundenansprache starten, sollten Sie diese Fragen für sich beantworten und Ihr Profil optimieren. Ein aussagekräftiges Profil führt dazu, dass mehr potenzielle Kunden Ihre Kontaktanfragen annehmen und Ihre Nachrichten ernst nehmen. Dies macht Ihre Akquise effizienter.

Was muss Ihr LinkedIn-Profil enthalten?

Stellen Sie sich vor, Ihr perfekter Kunde betrachtet Ihr Profil in diesem Moment. Diese Person strebt aktiv danach, eine Lösung für sein Problem zu finden. Was muss die Person sehen, lesen und verstehen, um sich für eine Kontaktaufnahme zu entscheiden?

Ein gut optimiertes Profil sollte eine klare Handlungsaufforderung enthalten. Es sollte Ihrem potenziellen Kunden helfen, den nächsten Schritt zu gehen – sei es mehr über Sie zu erfahren, Sie direkt zu kontaktieren oder Ihr Angebot besser zu verstehen.

Es gibt verschiedene Bereiche eines LinkedIn-Profils, die Sie optimieren können. Einige davon sind offensichtlich, andere sind neue Funktionen, die viele bisher nicht kennen:

- Header-Bild (1584 × 396 Pixel)
- Professionelles Profilfoto
- Profilvideo (30 Sekunden Vorstellung)
- Ihr Name
- Namensaussprache (10 Sekunden Audio)

- Pronomen (er/sie; sie/ihr etc.)
- Professionelle Überschrift (220 Zeichen)
- Kontaktinformationen
- Lead-Magnet oder Weblink
- Über-Mich-Sektion (max. 2600 Zeichen)
- „Im Fokus"-Bereich (Medien, Links, Dokumente, Artikel)
- Berufserfahrung
- Projekte & Veröffentlichungen
- Ehrenamtliche Tätigkeiten
- Fähigkeiten & Empfehlungen
- Referenzen & Bewertungen
- Auszeichnungen & Ehrungen
- Relevante Keywords zur Auffindbarkeit

Professionelles Profilbild und Banner: Der erste Eindruck zählt

Das Profilbild sollte ein hochwertiges Foto mit freundlicher und professioneller Ausstrahlung aufweisen. Ein neutraler und leicht farblich abgestimmter Hintergrund sorgt für Klarheit. Sie wird im Mittelpunkt stehen. Schauen Sie direkt in die Kamera und sehen Sie in Richtung des Profilbesuchers. Dies sorgt für Nahbarkeit und Vertrauen. Vermeiden Sie Ablenkungen oder unpassende Hintergründe wie grüne Hecken oder Mauern. Selfies eignen sich für Beiträge, sind beim Profilbild aber oft nicht die erste Wahl.

In meinen Seminaren werden die Profilfotos oft parallel aufgenommen. Alle Mitarbeiter stehen dann vor demselben Hintergrund. Das ist oft besser, als wenn jeder sein eigenes Bild erstellen muss.

Nicht zu unterschätzen ist in diesem Zusammenhang das Bannerbild. Der Besucher des persönlichen Profils muss sofort erkennen, wofür Sie stehen. Das Banner ist die visuelle Markenbotschaft in Verbindung mit deinem Unternehmen. Sogar ein Slogan und Angebot können dynamisch eingefügt werden. Alternativ kann eine Call-to-Action integriert werden, z. B. „Lass uns über deine ... Strategie sprechen" oder „So helfe ich Unternehmen bei X". Ein klares, professionelles Design wirkt seriös und unterstreicht Ihre Expertise.

Beispiel für ein gutes Banner: Ein Unternehmensberater könnte ein schlichtes Design mit seinem Slogan und einem Link zu seiner Website wählen.

Überzeugender Profil-Slogan: Dein Elevator Pitch in einer Zeile
Der Profil-Slogan (direkt unter deinem Namen) ist eines der ersten Dinge, die Besucher ihres Profils sehen. Sie sollte sofort vermitteln, welchen Mehrwert Sie bieten und nicht nur Ihre Berufsbezeichnung enthalten.

Schlecht: „Vertriebler bei XYZ GmbH"
Gut: „Ich helfe Unternehmen, durch gezieltes Social Selling auf LinkedIn neue B2B-Kunden zu gewinnen."

Tipps:

- Verwenden Sie eine klare Botschaft: Was ist Ihr Angebot? Wem helfen Sie? Wie lösen Sie Probleme?
- Falls Sie in mehreren Bereichen tätig sind, können Sie auch 2-3 Kernkompetenzen mit „|" oder „•" trennen:
- Beispiel: „B2B Social Selling | Lead-Generierung | LinkedIn-Experte"
- Detaillierte „Info"-Sektion: Ihr Schaufenster für potenzielle Kunden
- Die „Info"-Sektion ist der wichtigste Bereich, um Ihre Geschichte zu erzählen, Ihr Angebot zu präsentieren und Vertrauen aufzubauen. Hier können Sie Ihre Expertise, Ihr Alleinstellungsmerkmal (USP) und Ihren Mehrwert klar darstellen.

Strukturierte Gliederung für bessere Lesbarkeit:

- Einleitung: Was machen Sie und für wen? Was unterscheidet Sie?
- Ihre Kernkompetenzen: Wie können Sie Kunden helfen?
- Beispiel-Erfolge: Kurz und knackig – eine Statistik oder ein Kundenzitat erhöht die Glaubwürdigkeit
- Call-to-Action: Wie kann man Sie kontaktieren? Was ist der nächste Schritt?

- Beispiel für eine gute Info-Sektion:
- „Ich unterstütze mittelständische B2B-Unternehmen dabei, durch LinkedIn Social Selling nachhaltige Kundenbeziehungen aufzubauen und mehr qualifizierte Leads zu gewinnen."

Was ich biete:

- Entwicklung maßgeschneiderter LinkedIn-Strategien
- Optimierung von Profilen und Unternehmensseiten für maximale Sichtbarkeit
- Social-Selling-Trainings für Vertriebsteams

Ergebnisse:

- 400 % mehr Interaktion bei LinkedIn-Posts meiner Kunden
- 30 % höhere Antwortrate bei LinkedIn-Direktnachrichten
- Reden wir darüber! Schreiben Sie mir eine Nachricht oder buchen Sie ein unverbindliches Erstgespräch.

Potenzielle Kunden schauen sich genau an, ob Sie tatsächlich über Erfahrung in Ihrem Bereich verfügen.

- Beschreiben Sie bei jeder Position kurz, was Ihre Rolle war und welche Erfolge Sie erzielt haben.
- Heben Sie messbare Erfolge hervor, z. B. „Steigerung der Lead-Generierung um 25 % durch eine optimierte LinkedIn-Strategie."
- Fügen Sie Medien hinzu, z. B. PDFs, Whitepapers oder Fallstudien, um Ihre Arbeit zu belegen.

Empfehlungen von Kunden oder Kollegen:

- Bitten Sie zufriedene Kunden oder Kollegen um eine LinkedIn-Empfehlung, in der sie beschreiben, wie Sie ihnen geholfen haben.
- Empfehlungen mit konkreten Zahlen oder Erfolgen sind besonders wertvoll.
- Schreiben Sie selbst Empfehlungen für andere – oft erhalten Sie dann ebenfalls eine zurück.

Beispiel für eine Empfehlung:

- „Dank der Unterstützung von [Name] konnten wir innerhalb von sechs Monaten unsere Lead-Generierung auf LinkedIn verdreifachen. Die gezielten Inhalte und Outreach-Strategien haben uns enorm geholfen!"
- Zusätzliche Optimierungen für ein Top-LinkedIn-Profil im Vertrieb
- Fügen Sie einen Profil-Slogan hinzu: Wenn Sie aktiv neue Kunden suchen, kannst du dies in den Einstellungen anzeigen.
- Heben Sie relevante Zertifikate hervor: Falls Sie an Schulungen oder LinkedIn-Kursen teilgenommen haben, fügen Sie sie Ihrem Profil hinzu.
- Verlinken Sie Ihr Profil mit relevanten Websites oder Landingpages: Falls Sie eine Buchungsseite für Erstgespräche haben, können Sie diese in Ihrer Info-Sektion oder in den Kontaktinfos hinterlegen.

- Verwenden Sie LinkedIn-Hashtags in Ihren Beiträgen: Damit Ihre Inhalte besser auffindbar sind, nutzen Sie relevante Hashtags in Ihrer Branche.

Fazit: Dein LinkedIn-Profil als Vertriebswerkzeug

Ein gut optimiertes LinkedIn-Profil ist dein wichtigstes Vertriebswerkzeug im digitalen B2B-Geschäft. Es sorgt nicht nur dafür, dass du von potenziellen Kunden gefunden und wahrgenommen wirst, sondern baut auch Vertrauen auf und erleichtert die Lead-Generierung.

6.0 DIE RICHTIGE POSITIONIERUNG UND STORYTELLING

Eine klare Positionierung auf LinkedIn ist entscheidend, um als Experte wahrge-nommen zu werden und das Vertrauen potenzieller Kunden zu gewinnen. Es geht nicht nur darum, das eigene Unternehmen oder die eigenen Dienstleistungen vor-zustellen, sondern auch darum, eine überzeugende Geschichte zu erzählen und sich als Problemlöser zu positionieren.

1. Definieren Sie Ihre Nische

Um sich von der Masse abzuheben, ist es empfehlenswert, eine klare Positionie-rung zu definieren. Es ist wichtig, die spezifischen Herausforderungen der Ziel-gruppe zu identifizieren und zu überlegen, wie dabei geholfen werden kann. Eine enge Spezialisierung erleichtert es, die richtigen Kunden anzusprechen.

2. Erzählen Sie eine echte Geschichte.

Menschen verbinden sich mit Geschichten, nicht mit Verkaufsbotschaften. Überle-gen Sie, wie Sie Ihre persönliche oder unternehmerische Reise erzählen können, um emotionale Verbindungen zu schaffen. Ihr »Warum« ist dabei entscheidend: Warum tun Sie, was Sie tun? Welche Herausforderungen haben Sie selbst gemeis-tert?

3. Konsistente Botschaften über alle Inhalte hinweg

Ihre Positionierung sollte sich in all Ihren LinkedIn-Aktivitäten widerspiegeln – vom Profiltext über Ihre Beiträge bis zu Ihren Kommentaren. Eine einheitliche Botschaft schafft Wiedererkennbarkeit und stärkt Ihre Marke.

4. Nutzen Sie Storytelling in Ihren Beiträgen

Anstatt nur Fakten und Tipps zu teilen, sollten Sie Ihre Beiträge erzählen. Verwen-den Sie konkrete Beispiele, erzählen Sie von Herausforderungen und Erfolgen und nutzen Sie Metaphern oder Vergleiche, um Ihre Inhalte greifbarer zu machen.

5. Bitte integrieren Sie klare Call-to-Actions (CTAs)

Eine gute Positionierung ist eng verbunden mit klar formulierten Handlungsaufforderungen. Wenn Sie möchten, dass potenzielle Kunden Sie kontaktieren, Ihrem Newsletter folgen oder ein Erstgespräch mit Ihnen vereinbaren, erleichtern Sie Ihnen den nächsten Schritt.

7.0 DIE VERTRIEBSPIPELINE

Es gibt zwei Wege, um über LinkedIn neue Kunden zu gewinnen:

Inbound-Leads – Der Interessent schreibt den Absender aufgrund der gesehenen Inhalte an und erkundigt sich, ob ein Gespräch möglich sei.

Outbound-Leads – Der Absender ergreift die Initiative und startet das Gespräch mit einer Direktnachricht. Inbound unterscheidet sich von Outbound dadurch, dass Inbound reaktiv ist, während Outbound proaktiv ist.

Es empfiehlt sich, nicht nur auf Inbound zu setzen, da Inbound-Leads unvorhersehbar und inkonsistent sind. Es ist nicht gewährleistet, dass ausreichend Anfragen aus der gewünschten Zielgruppe generiert werden. Beispielsweise erhalte ich von allen Zielgruppen Inbound-Anfragen von allen Zielgruppen. In der Regel reicht das jedoch nicht aus, um unsere Verkaufsziele zu erreichen. Aus diesem Grund konzentrieren wir uns nicht ausschließlich auf Inbound-Marketing, da wir keine Kontrolle über die Herkunft der Leads, die Ansprechpartner in den Unternehmen und die Motivation für die Kontaktaufnahme haben. Die kontinuierliche Veröffentlichung über einen Zeitraum von 9 bis 12 Monaten ist notwendig, um erste Inbound-Anfragen zu generieren. Eine Garantie für den Erfolg ist nicht gegeben. Content schafft Sichtbarkeit und baut Vertrauen auf, doch es dauert Monate oder Jahre, bis sich das in Aufträgen niederschlägt.

Outbound ist der einzige Weg, um sofort Kontrolle über den Vertrieb zu erlangen. Mit Outbound können Sie gezielt:

- die richtigen Personen ansprechen,
- die passenden Jobtitel auswählen,
- Unternehmen in der richtigen Größe und Branche kontaktieren.

Outbound-Strategien steigern den Erfolg

Outbound bezeichnet die proaktive Anbahnung von Gesprächen, die Schaffung von Verkaufschancen und das Öffnen von Türen, die mit Content allein nicht erreicht werden können. Im Vertrieb ist die aktive Neukundenakquise ein wesentlicher Bestandteil der Tätigkeit. Dies kann über LinkedIn-Nachrichten, Telefonakquise oder eine Kombination aus beidem erfolgen. Wenn Sie in der Marketingabteilung tätig sind und immer noch teure, veraltete Datenlisten kaufen, sollten Sie dies überdenken. LinkedIn ist eine Live-Datenbank voller relevanter Kontakte. Der Sales Navigator ist eines der besten Tools für den B2B-Vertrieb. In diesem Buch zeige ich Ihnen, wie Sie es effektiv nutzen können. Wenn Sie Ihr eigenes Unternehmen führen und kein Vertriebsteam haben, sollten Sie den Outbound-Ansatz verfolgen. Egal, wie beschäftigt Sie sind – die aktive Neukundenakquise muss ein fester Bestandteil Ihrer Strategie sein.

Warum fällt vielen Outbound so schwer?

Viele Menschen haben Schwierigkeiten damit, geeignete Maßnahmen zu ergreifen oder die richtigen Worte zu finden. Zudem haben sie oft Angst, Fremde direkt anzusprechen.

Sollten Sie diese Herausforderungen kennen, könnte dieses Buch für Sie von Nutzen sein. Es zeigt Ihnen, wie Sie eine skalierbare Outbound-Strategie entwickeln, die Ihnen regelmäßig neue Geschäftschancen eröffnet.

Eine Vertriebspipeline ist ein Instrument, das dabei hilft, potenzielle Kunden durch den Verkaufsprozess zu führen. Sie zeigt auf, wo sich ein Interessent gerade befindet, und hilft dabei, die Umsätze besser zu prognostizieren. Zudem verhindert sie den Verlust wertvoller Leads und zeigt, welche Vertriebsmaßnahmen am besten funktionieren. Ohne eine Pipeline fehlen entscheidende Einblicke in die Wirksamkeit des Vertriebs.

Die Phasen einer Vertriebspipeline

Jedes Unternehmen hat eine eigene Struktur, hier ein fiktives Beispiel:

Phase	Wahrscheinlichkeit (%)	Beschreibung
Neuer Lead	3%	Erste Kontaktaufnahme – kann über deine Website, LinkedIn, eine Empfehlung oder ein Event kommen. Die meisten dieser Leads werden nicht sofort Kunden, aber Sie brauchen viele davon.
Nurture	15%	Noch nicht kaufbereit, aber potenziell interessiert. Sie brauchen mehr Vertrauen und Social Proof.
Qualifizierung	23%	Erste Gespräche, um den Bedarf zu verstehen. Hier wird entschieden, ob sich der Lead für die nächsten Schritte

		qualifiziert oder rausfliegt.
Qualifizierter Lead	50%	Der Kunde hat ein klares Problem, das Sie lösen können.
Auftrag erwartet	60%	Hohe Wahrscheinlichkeit, dass der Kunde kauft. Wird erst hierher verschoben, wenn wir uns sicher sind.
Auftragsbestätigung	95%	Der Kunde hat zugesagt, aber noch nicht unterschrieben.
Gewonnen	100%	Auftrag ist unterschrieben, Geld kann fließen.
Verloren	0%	Deal wurde nicht abgeschlossen – wichtig: Gründe dokumentieren.
Disqualifiziert	0%	Kunde passt nicht zu uns – entweder nicht bereit oder nicht unsere Zielgruppe.

8.0 IHRE KENN-ZAHLEN

Wenn Sie Outbound richtig betreiben wollen, müssen Sie Ihre Kennzahlen kennen. Fragen, die Sie sich stellen sollten:

- Wie hoch ist Ihr Umsatzziel? (monatlich, quartalsweise, jährlich)
- Wie viele Kunden brauchen Sie, um das Ziel zu erreichen?
- Wie viele Leads brauchen Sie für ein Gespräch?
- Wie viele Gespräche brauchen Sie für einen Abschluss?
- Wie lange dauert Ihr durchschnittlicher Verkaufszyklus?
- Wie hoch ist deine Abschlussrate bei Kalt- vs. Warmleads?

Beispielrechnung:

Ein hypothetisches Modell für einen unserer Services:

- Jahresumsatzziel: 400.000 €
- Durchschnittlicher Auftragswert: 10.000 €
- Benötigte Neukunden: 40
- Lead-zu-Meeting-Verhältnis: 5:1
- Meeting-zu-Abschluss-Verhältnis: 2:1
- Benötigte Erstgepräche: 80
- Benötigte Leads: 400
- Leads pro Woche: ca. 8 (Aufgerundet)

Gehen Sie das bitte für sich durch!

Zusammenfassung
- Definieren Sie Ihre Pipeline-Phasen und setzen Sie diesen in Ihrem CRM um.
- Berechnen Sie Ihre Vertriebszahlen in den oben genannten Schritten.
- Wiederholen Sie das für jedes Produkt und/oder jede Dienstleistung.
- Analysieren Sie Ihre aktuellen Leads – gibt es eine Lücke?

9.0 NETZWERKAUFBAU UND SICHTBARKEIT

Ein starkes Netzwerk auf LinkedIn ist die Grundlage für erfolgreiche Geschäftsbeziehungen und nachhaltigen Vertriebserfolg. Der Aufbau eines hochwertigen Netzwerks erfordert jedoch eine strategische Vorgehensweise.

1. Zielgerichtete Kontaktanfragen senden

Es geht nicht darum, wahllos möglichst viele Kontakte zu sammeln, sondern gezielt relevante Entscheidungsträger, Branchenkollegen und potenzielle Kunden anzusprechen. Personalisierte Kontaktanfragen mit einer kurzen Vorstellung und dem Nutzen einer Vernetzung erhöhen die Erfolgsquote.

2. Wertvollen Content regelmäßig teilen

Relevante Inhalte sind entscheidend für die Sichtbarkeit auf LinkedIn. Durch regelmäßige Beiträge zu aktuellen Trends, Herausforderungen in der Branche oder Erfolgsgeschichten kann Vertrauen aufgebaut und eine Expertise positioniert werden.

3. Aktiv in Diskussionen einsteigen

Kommentieren Sie Beiträge von Branchenexperten, stellen Sie gezielt Fragen und teilen Sie Ihre professionelle Sichtweise mit. Durch Interaktion mit anderen wird das Profil häufiger gesehen und das Netzwerk wächst organisch.

4. Gruppen und Veranstaltungen nutzen

Zudem sind Gruppen und Veranstaltungen eine Möglichkeit, gezielt mit Fachleuten in Kontakt zu treten, Wissen auszutauschen und neue Geschäftsbeziehungen zu knüpfen.

5. Beziehungen pflegen und Mehrwert bieten

Der wahre Wert eines Netzwerks liegt in der Pflege der Kontakte. Regelmäßige Nachrichten, Empfehlungen und gegenseitige Unterstützung stärken Geschäftsbeziehungen langfristig. Durch konsequentes Netzwerken und authentische Interaktion können Sie nicht nur Ihre Reichweite steigern, sondern auch nachhaltige Geschäftsverbindungen aufbauen, die sich langfristig auszahlen.

10. KONTAKTE STRATEGISCH AUFBAUEN

Der gezielte Aufbau von Kontakten auf LinkedIn ist von entscheidender Bedeutung, um langfristige Geschäftsbeziehungen und Verkaufsmöglichkeiten zu schaffen. Dabei ist nicht nur die Quantität, sondern vor allem die Qualität der Kontakte von Bedeutung.

1. Definieren Sie die richtige Zielgruppe

Bevor Sie Kontaktanfragen versenden, sollten Sie genau wissen, wen Sie in Ihrem Netzwerk haben möchten. Definieren Sie Ihre Zielgruppe anhand spezifischer Merkmale wie Branche, Position und Unternehmensgröße.

2. Personalisierte Kontaktanfragen senden

Senden Sie personalisierte Kontaktanfragen: Standardisierte Anfragen bleiben oft unbeantwortet. Stellen Sie sicher, dass Sie in Ihrer Anfrage den konkreten Mehrwert einer Vernetzung ansprechen und auf Gemeinsamkeiten hinweisen.

3. Nutzen Sie gemeinsame Kontakte

Wenn Sie bereits mit relevanten Personen vernetzt sind, können Sie gemeinsame Kontakte nutzen, um eine Einleitung oder Empfehlung zu erhalten. Dies erhöht die Wahrscheinlichkeit einer positiven Rückmeldung.

4. Beziehungen aktiv pflegen

Der Kontaktaufbau endet nicht mit der Vernetzung. Kommentieren Sie Beiträge Ihrer neuen Kontakte, sende Sie gelegentliche Nachrichten und biete Unterstützung an, um die Beziehung zu stärken.

5. Qualität vor Quantität setzen

Ein großes Netzwerk bringt wenig, wenn es nicht relevant ist. Achten Sie darauf, dass Ihre Kontakte tatsächlich zu Ihren geschäftlichen Zielen passen und Sie mit ihnen interagieren können.

Durch eine strategische Herangehensweise beim Kontaktaufbau können Sie Ihr LinkedIn-Netzwerk gezielt erweitern und wertvolle Geschäftsbeziehungen aufbauen, die langfristig erfolgreich sind.

11. 7 WEGE ZUR GEZIELTEN KUNDENGEWINNUNG

Die Akquise von Kunden wird zunehmend schwieriger. Laut LinkedIn® sind die Antwortquoten auf InMails seit 2021 um 40 % gesunken.

Entscheidungsträger erhalten täglich rund zehn Nachrichten mit Verkaufsabsichten – das sind 50 pro Woche und 200 pro Monat! Die Frage, die sich stellt, ist also: Wie kann man sich von der Masse abheben und dennoch eine hohe Antwortquote erzielen?

Nach über einem Jahrzehnt Erfahrung in der Akquise über LinkedIn habe ich sieben verschiedene Methoden entwickelt, die je nach Ziel und Stil angewendet werden können.

Drei dieser Methoden führen direkt zu Leads, die anderen vier bauen die Pipeline für die Zukunft auf:

- Netzwerk gezielt ausbauen
- Beziehungen aufbauen
- Teilnehmer für Events gewinnen
- Verkaufsdialoge starten
- Mehrwert durch kostenlose Inhalte bieten
- Key-Account-Targeting
- Markenaufbau betreiben

Wichtige Grundlagen für erfolgreiche Zielkundenansprache

Für eine erfolgreiche Zielkundenansprache sind neben der Anzahl und Qualität der Nachrichten weitere Faktoren von entscheidender Bedeutung. Das LinkedIn-Profil ist ideal auf die Zielkunden abzustimmen, es ist regelmäßig mit relevanten Inhalten zu füllen und die aktive Beteiligung in LinkedIn-Diskussionen ist unerlässlich. Ergänzend werden neue Kontakte oder Interessenten durch Telefonanrufe gewonnen.

Vermeiden Sie Abkürzungen, da automatisierte Nachrichten Ihren Ruf beschädigen und Ihr LinkedIn-Konto sperren können. Für den größten Erfolg sollten Sie stets eine persönliche Kontaktaufnahme bevorzugen.

12. DIE METHODEN IM DETAIL

1. Netzwerk gezielt ausbauen

Täglich werden 5–20 Personen dem Netzwerk hinzugefügt, die genau in das Profil des idealen Kunden passen. Diese Methode ist langfristig ausgelegt, da sich das Netzwerk erst mit der Zeit entwickelt und Vertrauen aufgebaut wird. Insbesondere bei Führungskräften und Entscheidungsträgern eignet sich dieser Ansatz, wenn kein sofortiges Angebot gewünscht ist. Die Erfolgsquote liegt bei 40–60 %, die Annahmerate bei ca. 40 %.

2. Beziehungen aufbauen

Statt einer unmittelbaren Verkaufsnachricht ist in diesem Fall eine langfristige Beziehungsarbeit von Bedeutung. Stellen Sie Fragen, die einen Dialog eröffnen, und fokussieren Sie sich auf gemeinsame Interessen. Diese Methode hat sich insbesondere in beratungsintensiven Branchen bewährt. Die Erfolgsquote liegt bei 40–60 %, die Antwortquote bei ca. 5 %.

3. Teilnehmer für Events gewinnen

Events, sowohl online als auch offline, bieten eine ausgezeichnete Gelegenheit, um mit potenziellen Kunden in Kontakt zu treten. LinkedIn® ist eine ideale Plattform zur Bewerbung solcher Veranstaltungen und zur persönlichen Einladung relevanter Zielgruppen.Die Erfolgsquote liegt bei 50 % für die Annahme und 15 % für die Antwort.

4. Verkaufsdialoge starten

Diese Methode hat sich als besonders wirksam für die Gewinnung neuer Kunden erwiesen. Sie basiert auf der gezielten Ansprache der Schmerzpunkte der Zielkunden und dem anschließenden Aufbau eines Gesprächs. Der Fokus liegt nicht auf dem direkten Verkauf, sondern auf einer lösungsorientierten Herangehensweise. Die Erfolgsquote liegt bei 50 % Annahmerate und 3–5 % Antwortquote (mit Video: bis zu 40 %).

5. Mehrwert durch kostenlose Inhalte bieten

Durch die Bereitstellung von Inhalten mit hohem Mehrwert, wie beispielsweise exklusiven Branchenberichten oder Whitepapers, können Sie Ihre Expertise unter Beweis stellen und Ihre Glaubwürdigkeit erhöhen. Es ist jedoch zu beachten, dass diese Inhalte für die Öffentlichkeit zugänglich sein müssen und nicht hinter einer E-Mail-Anfrage versteckt werden sollten. Die Erfolgsquote liegt bei 50 % für die Annahme und 5–7 % für die Antwort.

6. Key-Account-Targeting

Diese Methode eignet sich für Unternehmen, die sich auf einige wenige, aber hochrelevante Entscheider konzentrieren möchten. Anstatt sich auf eine Person innerhalb eines Unternehmens zu fokussieren, werden mehrere Entscheidungsträger gleichzeitig angesprochen. Dadurch wird die Chance erhöht, einen Fuß in die Tür zu bekommen. Die Erfolgsquote liegt bei 50 % für die Annahme und 3–5 % für die Antwort.

7. Markenaufbau betreiben

Zu den nachhaltigsten Methoden der Leadgenerierung zählt der Aufbau einer starken Marke. Durch regelmäßiges Posten von hochwertigen Inhalten und Thought-Leadership-Ansätzen können Sie organisch Anfragen generieren, ohne aktiv auf Kunden zuzugehen. Erwartete Inbound-Leads pro Monat: 1–5 (abhängig von Netzwerkgröße und Engagement)

Je nach Geschäftsmodell und Zielgruppe kann eine Kombination aus verschiedenen Methoden sinnvoll sein. Viele Unternehmen nutzen eine Kombination aus Verkaufsdialogen, Event-Akquise und Netzwerkerweiterung. Wichtig ist, dass Sie kontinuierlich aktiv bleiben – Kundengewinnung ist ein Marathon, kein Sprint. Ihre nächsten Schritte:

- Wählen Sie die Prospecting-Methoden, die am besten zu Ihrem Geschäft passen.
- Setzen Sie klare Ziele für Ihre Annahme- und Antwortquoten.
- Entscheiden Sie, wie Sie Ihre Ergebnisse nachverfolgen (z. B. über ein CRM oder eine Tabelle).
- Definieren Sie, wie viele neue Kontakte und Leads Sie in einem bestimmten Zeitraum generieren möchten.
- Bleiben Sie konsequent – es dauert 90–120 Tage, bis sich ein Rhythmus einstellt.

Social Selling ist ein Prozess, der Geduld erfordert. Wer langfristig sichtbar bleiben will, muss ein starkes Netzwerk aufbauen. Dies zahlt sich langfristig in mehr Leads und Umsatz aus.

13. WELCHE INHALTE ERZIELEN ERFOLG?

Regelmäßige LinkedIn-Veröffentlichungen sind wichtig für Sichtbarkeit und Expertenpositionierung, aber nicht alle Inhalte erzielen die gewünschte Wirkung. Im Folgenden werden daher einige Strategien vorgestellt.

1. Authentizität und Mehrwert bieten

Authentische und substanzielle Beiträge sind erfolgreicher als reines Werbematerial. Teilen Sie Ihr Wissen, geben Sie Einblicke und kommentieren Sie aktuelle Entwicklungen.

2. Storytelling nutzen

Geschichten ziehen Leser an. Teilen Sie Erfahrungen und Erfolge aus Ihrem Berufsleben. Beiträge mit persönlicher Note sind glaubwürdiger.

3. Klare Strukturen und prägnante Inhalte

Klare Überschriften, kurze Absätze und Listen machen LinkedIn-Inhalte leicht konsumierbar.

4. Engagement fördern

Es ist empfehlenswert, Fragen zu stellen, Diskussionen zu eröffnen oder Meinungen zu erfragen. Beiträge, die zur Interaktion anregen, werden in der Regel häufiger kommentiert und geteilt, was zu einer erhöhten Reichweite führt.

5. Nutze verschiedene Formate

Neben reinen Textbeiträgen bieten Bilder, Videos, Umfragen und Dokumente effektive Möglichkeiten, um Abwechslung in Ihre Inhalte zu bringen und verschiedene Zielgruppen anzusprechen.

6. Kontinuität und Timing beachten

Für den Erfolg Ihrer Content-Marketing-Strategie ist es entscheidend, dass Sie regelmäßig Inhalte veröffentlichen. Entwickeln Sie einen Content-Plan und veröffentlichen Sie Ihre Inhalte zu Zeiten, in denen Ihre Zielgruppe aktiv ist. Das sind oft morgens oder am frühen Abend.

Mit der richtigen Strategie können Sie Ihre Inhalte gezielt einsetzen, um Ihre Expertise zu zeigen, Ihr Netzwerk auszubauen und neue Geschäftsmöglichkeiten zu generieren.

14. ENGAGEMENT & COMMUNITY-MANAGEMENT

Ein starkes Netzwerk allein reicht nicht aus – es muss auch aktiv gepflegt werden. Engagement auf LinkedIn bedeutet nicht nur das regelmäßige Posten von Inhalten, sondern auch die Interaktion mit anderen, um Beziehungen zu stärken und die eigene Sichtbarkeit zu erhöhen.

1. Regelmäßig interagieren

Kommentieren Sie und "liken" Sie Beiträge von Kontakten, um Präsenz zu zeigen und authentische Gespräche zu fördern. Eine aktive Beteiligung steigert die Reichweite und zeigt Ihr Interesse an der Community.

2. Starten Sie wertvolle Diskussionen

Sie können eigene Diskussionen starten, indem Sie relevante Fragen stellen oder auf aktuelle Trends eingehen. Auf diese Weise fördern Sie nicht nur die Interaktion, sondern positionieren sich gleichzeitig als Meinungsführer in Ihrem Bereich.

3. Direktnachrichten nutzen

Es empfiehlt sich, im beruflichen Kontext persönliche Beziehungen aufzubauen, indem gezielt Direktnachrichten genutzt werden. Es sollte für interessante Inhalte gedankt, nachgefragt oder hilfreiche Informationen angeboten werden – jedoch nicht in einer Verkaufsabsicht.

4. Ein positives Community-Management ist entscheidend.

Bitte äußern Sie sich in Kommentaren und Diskussionen stets unterstützend und wertschätzend. Beiträge, die hilfreich und konstruktiv sind, tragen zur positiven Wahrnehmung Ihrer Marke bei und stärken Ihr Netzwerk.

5. Langfristige Beziehungen aufbauen

Engagement auf LinkedIn ist kein kurzfristiger Sprint, sondern eine langfristige Strategie. Durch kontinuierliche Interaktion bleiben deine Kontakte aktiv und geschäftliche Möglichkeiten ergeben sich oft aus bestehenden Beziehungen.

15. NACHRICHTEN & KONTAKTE

Viele Menschen sprechen potenzielle Kunden nicht direkt an, weil sie Angst haben, zu "verkaufsorientiert" oder "aufdringlich" zu wirken. Dabei ist der Outreach-Prozess oft ineffizient. Ich bekomme täglich viele unerwünschte Verkaufsnachrichten in meinem LinkedIn-Postfach. Dies ist jedoch ein Vorteil. Ich verwandeln zahlreiche schlechte Anfragen in Leads.

Genau dies verdeutlicht die Relevanz einer sorgfältigen und fachgerechten Umsetzung. Entscheidungsträger auf LinkedIn erhalten im Durchschnitt ein bis fünf Anfragen pro Tag, weshalb es essenziell ist, hier positiv und nachhaltig in Erinnerung zu bleiben.

Zwei-Schritt-Strategie für erfolgreiches Outreach

Bei Outreach-Maßnahmen sollten Gespräche initiiert und Beziehungen aufgebaut werden, nicht nur Meetings verabredet oder Verkaufsgespräche geführt werden. Meine Empfehlung ist eine Zwei-Schritt-Strategie.:

- Erste Nachricht: Die Verbindung herstellen
- Zweite Nachricht: Das Gespräch starten

Effektive Kontaktanfragen auf LinkedIn

LinkedIn begrenzt das Versenden von Kontaktanfragen auf 100 pro Woche, um Spam und den Einsatz von Automatisierungstools zu verhindern. Automatisierte Kontaktanfragen werden häufig als unpersönlich wahrgenommen.

Es ist empfehlenswert, sich Zeit für individuelle Kontakte zu nehmen. Das Ziel sollte eine Annahmequote von mindestens 40 % sein. Liegt die Quote unter diesem Wert, ist die Nachricht zu überarbeiten. Eine weitere Option sind LinkedIn InMails, die jedoch von vielen Anwenderinnen und Anwendern nicht geschätzt werden. InMails werden oft ignoriert oder gelöscht. Bei einer abgelehnten Kontaktanfrage bleibt der Kontaktanfragende kein Teil des Netzwerks und sieht auch künftig keine Inhalte. Eine normale Kontaktanfrage hingegen ermöglicht, langfristig Sichtbarkeit aufzubauen.

Maßnahmen zur Steigerung der Annahmequote

Eine bewährte Methode, um neue Kontakte zu gewinnen, ist die Personalisierung. Demonstrieren Sie Ihrem potenziellen Kontakt, dass Sie sich mit seinem Profil befasst haben, indem Sie eine maßgeschneiderte Nachricht versenden. Generische "Copy-Paste"-Nachrichten sind in der Geschäftswelt unerwünscht.

Hier sind einige Möglichkeiten, um deine Anfragen persönlicher zu gestalten:

- Gemeinsame Kontakte: „Ich sehe, wir haben über 30 gemeinsame Kontakte. Wir sollten uns vernetzen"
- Gleiche Universität oder Ausbildung: „Ich habe gesehen, dass wir beide an der [Uni-Name] studiert haben!"
- Gemeinsame LinkedIn-Gruppen: „Wir sind beide in der Gruppe [Gruppenname] – spannend, was dort diskutiert wird!"
- Engagement mit ihren Beiträgen: „Ich habe deinen letzten Beitrag über [Thema] gelesen – sehr interessant!"
- Berufliche Meilensteine: „Glückwunsch zu deinem [Jubiläum/Beförderung] bei [Unternehmensname]!"

Das Ziel ist immer, den Kontakt auf einer persönlichen Ebene herzustellen. Wenn du das gut machst, kannst du eine Annahmequote von über 50 % erreichen.

Die richtige Menge an Kontaktanfragen

Da LinkedIn auf 100 Einladungen pro Woche limitiert ist, solltest du jeden Tag eine bestimmte Anzahl verschicken.

- Mindestens 5 pro Tag, wenn du als Unternehmer viele andere Aufgaben hast
- Mindestens 10 pro Tag, wenn du aktiv neue Kunden gewinnen möchtest
- 20 pro Tag, wenn du dein Netzwerk massiv ausbauen willst

Ein strukturierter Ansatz sorgt dafür, dass dein LinkedIn-Profil langfristig sichtbar bleibt und du regelmäßig neue Kontakte gewinnst.

Die zweite Nachricht: Gesprächsaufbau

Nachdem jemand deine Kontaktanfrage angenommen hat, geht es darum, ein Gespräch zu starten. Die Nachricht sollte sich nach dem jeweiligen Ziel richten. Hier sind einige Beispiele:

Ein Verkaufsgespräch eröffnen

Danke für die Verbindung, [Vorname]! Viele [Jobtitel] berichten mir aktuell, dass sie Schwierigkeiten mit [Problem] haben. Wie sieht das bei dir aus? Auf einer Skala von 1-10, wie zufrieden bist du aktuell mit [Thema]?"

Einladung zu einem Event

Hallo [Vorname], danke für die Verbindung! Ich höre oft, dass [Zielgruppe] mit [Problem] kämpft. Dazu veranstalte ich ein kostenloses Online-Event: ‚[Event-Name]'. Ich würde dich gerne einladen – wie kann ich dir die Infos schicken?"

Ein kostenloses Angebot machen

„Hallo [Vorname], ich suche gerade 3 [Jobtitel], die mein [kostenloses Angebot] testen. Normalerweise kostet das [Betrag], aber ich biete es jetzt kostenlos an. Hättest du Interesse? Wenn ja, wann würde es für dich passen?"

Whitepaper oder Leitfaden anbieten

„Hallo [Vorname], ich habe einen Leitfaden erstellt, der genau die häufigsten Probleme von [Zielgruppe] behandelt. Ich schicke ihn dir gerne – möchtest du ihn lieber per LinkedIn oder per E-Mail?"

Diese zweite Nachricht sorgt dafür, dass das Gespräch in Gang kommt, ohne sofort verkaufsorientiert zu wirken.

Fazit: Erfolgreiches LinkedIn-Outreach

Aus diesem Kapitel lassen sich fünf wichtige Punkte ableiten:Setze dir ein Ziel für deine tägliche Anzahl an Kontaktanfragen. Nutze Personalisierung, um deine Annahmequote zu steigern. Nutze deine LinkedIn-Follower und Profilbesucher als potenzielle Kontakte. Beobachte deine Annahmequote und optimiere deine Nachrichten. Erstelle verschiedene Gesprächseinstiege für verschiedene Zielgruppen.

Wenn Sie diese Prinzipien befolgen, werden Sie langfristig bessere Ergebnisse mit Ihrem LinkedIn-Outreach erzielen und Ihr Netzwerk gezielt mit den richtigen Personen erweitern.

16. HANDELN SIE ENTGEGEN DEN ERWARTUNGEN

Wenn Sie bereit sind, neue Wege zu gehen, können Sie Ihre Antwortquote bei der Akquise auf bis zu 40 % steigern. Wenn ich diese Methode in Trainings vorstelle, stoße ich zunächst oft auf Widerstand. Diejenigen, die sofort Feuer und Flamme sind, sind meist extrovertierte und selbstbewusste Persönlichkeiten. Aber wer sich traut, diese Ansätze auszuprobieren, wird mit beeindruckenden Ergebnissen belohnt!

Wie kannst du aus der Masse herausstechen?

Entscheidungsträger erhalten täglich bis zu 200 Nachrichten, von denen viele unbeachtet bleiben.

Voice- und Video-Nachrichten

Die meisten Menschen haben Hemmungen, sich per Sprache oder Video zu präsentieren, um nicht ungeschickt zu erscheinen. Ich habe bereits viele Argumente gehört. Erhöhen Sie die Rücklaufquote von 3–8 % auf 20–40 %.

Ich sage nicht, dass du jede Erstansprache per Video oder Voice machen sollst (auch wenn manche genau das tun). Aber für schwer erreichbare Entscheider auf Führungsebene sind diese Methoden Gold wert.

So sendest du Voice- und Video-Nachrichten auf LinkedIn

Sprachnachrichten:

Voraussetzung: Sie müssen mit der Person auf LinkedIn vernetzt sein. Öffnen Sie die Nachrichtenfunktion in der mobilen App. Tippen Sie auf das Mikrofon-Symbol und halten Sie den blauen Button gedrückt, um aufzunehmen. Falls Sie sich versprechen, können Sie die Nachricht einfach abbrechen. Die maximale Länge beträgt 60 Sekunden – genug für eine prägnante, persönliche Nachricht.

Viele wissen nicht einmal, dass LinkedIn diese Funktion bietet! Ich nutze sie sowohl für die Akquise als auch für bestehende Kontakte.

Videonachrichten:

Öffne die Nachrichtenfunktion in der LinkedIn-App.Tippe auf das Büroklammer-Symbol, wähle „Video aufnehmen" und nimm deine Nachricht auf.

Alternativ können Sie ein Video mit einer App wie Apple Clips (iOS) oder AutoCap (Android) vorab aufnehmen, Untertitel hinzufügen und es dann über den „Foto oder Video senden"-Button hochladen.

Kaum jemand nutzt Videos für die Akquise! Doch sie verleihen deiner Nachricht eine persönliche Note – besonders, wenn Sie den Namen des Gegenübers verwendest. Halten Sie das Video möglichst unter 30 Sekunden.

Deine Aufgaben aus diesem Kapitel:

Probieren Sie aus, eine Videonachricht auf LinkedIn zu senden. Übe das Senden einer Sprachnachricht an eine Person, die Sie bereits kennen. Senden Sie eine Video-Akquise-Nachricht an jemanden, den Sie nicht kennen.

17. SOCIAL SELLING & LEADGENERIERUNG

Die digitale Transformation hat die Art und Weise, wie Unternehmen neue Kundinnen und Kunden gewinnen, von Grund auf verändert. Klassische Methoden wie Kaltakquise oder Messen werden durch digitale Kanäle ergänzt oder sogar ersetzt. LinkedIn spielt dabei insbesondere für B2B-Unternehmen eine zentrale Rolle.

Leadgenerierung auf LinkedIn

LinkedIn bietet vielfältige Möglichkeiten, gezielt neue Kunden anzusprechen. Dabei geht es nicht um das massenhafte Versenden von Kontaktanfragen, sondern um den strategischen Aufbau einer wertvollen Netzwerkstruktur.

Optimierung des Profils

Ein professionelles LinkedIn-Profil ist die Basis für eine erfolgreiche Leadgenerierung. Ein klares Titelbild, ein aussagekräftiger Profilslogan und ein informativer »Über mich«-Bereich sind unerlässlich.

Content-Marketing für mehr Sichtbarkeit

Regelmäßige, relevante Inhalte positionieren dich als Experten in deiner Branche. Fachartikel, Branchennews oder Fallstudien können potenzielle Kunden anziehen.
Gezieltes Networking

Durch systematisches Networking mit relevanten Entscheidungsträgern entsteht eine Pipeline potenzieller Leads. Personalisierte Kontaktanfragen und authentische Kommunikation sind entscheidend.

Vom Kontakt zum Kunden

Social Selling bedeutet, Beziehungen über soziale Netzwerke aufzubauen, um langfristige Geschäftsbeziehungen zu etablieren. Dabei geht es nicht um den direkten Verkauf, sondern um den Aufbau von Vertrauen und Mehrwert.

Interaktion mit dem Netzwerk

Kommentare, Likes und das Teilen relevanter Inhalte erhöhen die eigene Sichtbarkeit und schaffen Vertrauen.

Direkte Ansprache mit Mehrwert

Statt plumper Verkaufsbotschaften ist eine individuelle Ansprache mit Bezug auf
gemeinsame Interessen oder Herausforderungen effektiver.

Nachfassen und Beziehungspflege

Nach der ersten Interaktion sollte der Kontakt aufrechterhalten werden. Regelmäßige Nachrichten, gemeinsame Diskussionen oder Einladungen zu Webinaren stärken die Beziehung.

Fazit

Für Leadgenerierung und Social Selling auf LinkedIn braucht man eine Strategie
und muss ständig aktiv sein. Wer sich als Experte positioniert, wertvolle Inhalte
liefert und echt mit seinem Netzwerk interagiert, ist erfolgreich.

18. DIREKTE VS. INDIREKTE AKQUISE

Die Akquise neuer Kunden kann auf zwei grundsätzliche Weisen erfolgen: direkt oder indirekt. Beide Methoden haben ihre Vor- und Nachteile und sollten je nach Unternehmensstrategie und Zielgruppe eingesetzt werden.

Direkte Akquise

Bei der Direktakquise werden potenzielle Kunden direkt angesprochen. Dies kann über verschiedene Kanäle erfolgen:

Telefonakquise: Direkte Anrufe an Entscheidungsträger. Achten Sie auf das Gesetz zur Telefonwerbung.

E-Mail-Kampagnen: Gezielte Nachrichten mit klarem Call-to-Action. Achten Sie auf das Double-Opt-in, lt. DSVGO.

LinkedIn-Nachrichten: Personalisierte Ansprache innerhalb des Netzwerks.
Messen & Events: Direkter Kontakt auf Fachveranstaltungen.

Vorteile
:

- Schnelle Ergebnisse möglich.
- Direkte Rückmeldungen und sofortiges Feedback.
- Klare Kontrolle über den Verkaufsprozess.

Nachteile:

- Oft nicht erlaub!
- Häufig niedrige Erfolgsquoten.
- Kann als aufdringlich empfunden werden.
- Hoher Zeit- und Personalaufwand.

Indirekte Akquise

Die indirekte Akquise setzt darauf, Kunden durch langfristige Sichtbarkeit und Vertrauensaufbau anzuziehen. Sie umfasst:

Content-Marketing: Blogartikel, Whitepapers, Webinare.

SEO & Online-Marketing: Optimierung von Suchmaschinen und gezielte Werbung.

Empfehlungsmarketing: Empfehlungen durch zufriedene Kunden.

Social Media-Aktivität: Aufbau einer Expertenmarke durch kontinuierliche Inhalte.

Vorteile:

- Nachhaltige Lead-Generierung.
- Kunden kommen oft mit Kaufinteresse auf das Unternehmen zu.
- Aufbau von Vertrauen und Expertenstatus.

Nachteile:

- Benötigt Zeit und kontinuierliche Aktivität.
- Erfolgsbewertung kann schwieriger sein.
- Keine sofortige Kontrolle über Leads und Umsätze.

Fazit

Für die Generierung von Leads und den Einsatz von Social Selling auf LinkedIn ist eine durchdachte Strategie und kontinuierliche Aktivitäten erforderlich. Eine Positionierung als Experte, die Lieferung wertvollen Contents sowie eine authentische Interaktion mit dem Netzwerk führen langfristig zu Erfolgen. Die Wahl zwischen direkter und indirekter Akquise hängt von der Zielgruppe und der Unternehmensstrategie ab.

Idealerweise wird eine Kombination beider Methoden angewendet, um ein effizientes Akquisekonzept zu entwickeln.

19. ENTWICKELN SIE OUTREACH-STRATEGIEN

Ein gezieltes Outreach kann eine effektive Methode sein, um mit potenziellen Kunden in Kontakt zu treten, wobei jedoch aufdringlich oder werblich zu wirken vermieden werden sollte. Eine gut durchdachte Strategie ist entscheidend, um authentische Verbindungen herzustellen.

1. Personalisierte Kontaktaufnahme

Generische Nachrichten werden oft ignoriert. Eine personalisierte Ansprache, die sich auf das Profil, gemeinsame Interessen oder aktuelle Branchenentwicklungen bezieht, erhöht die Wahrscheinlichkeit einer positiven Reaktion.

2. Mehrwert statt Verkauf

Anstatt direkt ein Produkt oder eine Dienstleistung anzubieten, sollte der Fokus auf einem Mehrwert liegen. Beispielsweise kann ein relevanter Artikel, eine Marktstudie oder eine individuelle Analyse geteilt werden, um Interesse zu wecken.

3. Timing beachten

Der richtige Zeitpunkt kann den Unterschied machen. Eine Kontaktaufnahme unmittelbar nach einer Konferenz, einem Webinar oder einer Interaktion mit einem eigenen Beitrag kann als natürlicher Gesprächseinstieg dienen.

Langfristige Beziehungen aufbauen

Outreach sollte nicht als einmalige Aktion betrachtet werden. Regelmäßige, unaufdringliche Interaktionen, beispielsweise durch Kommentare oder geteilte Inhalte, helfen dabei, eine echte Beziehung zu entwickeln.

Ferner ist es essenziell, Glaubwürdigkeit und Authentizität zu wahren. Vorgefertigte Nachrichten ohne echten Bezug zum Empfänger wirken unpersönlich, eine natürliche Sprache und echtes Interesse an der Person fördern eine erfolgreiche Kommunikation.

20. NACHRICHTEN-IDEEN & BEST PRACTICES

Die Art und Weise, wie eine Nachricht formuliert wird, kann über den Erfolg oder Misserfolg entscheiden. Effektive Nachrichten zeichnen sich dadurch aus, dass sie kurz, persönlich und informativ sind und einen klaren Mehrwert bieten.

Beispiel 1: Erste Kontaktaufnahme

"Hallo [Name], ich bin auf Ihr Profil gestoßen und finde Ihre Beiträge zu [Thema] sehr spannend. Besonders Ihr letzter Artikel über [Themenbereich] hat mir gefallen. Ich würde mich freuen, mich mit Ihnen zu vernetzen und auszutauschen!"

Beispiel 2: Follow-up nach einer ersten Interaktion

"Hallo [Name], vielen Dank für Ihre Verbindung! Ich habe gesehen, dass Sie sich mit [Thema] beschäftigen. Ich habe kürzlich einen Artikel zu diesem Thema veröffentlicht, den Sie vielleicht interessant finden: [Link]. Gerne würde ich Ihre Meinung dazu hören!"

Beispiel 3: Einladung zu einem Gespräch

"Hallo [Name], ich sehe, dass Sie in [Branche] tätig sind. Ich arbeite ebenfalls in diesem Bereich und helfe Unternehmen, [Problemstellung] zu lösen. Falls Sie Interesse an einem kurzen Austausch haben, lassen Sie es mich wissen!"

Diese Ideen unterstützen Sie dabei, professionell und dennoch persönlich zu kommunizieren. Der Schlüssel zum Erfolg liegt in der Authentizität und dem Fokus auf dem Mehrwert für den Empfänger.

Fazit

Eine strategische und authentische Kommunikation auf LinkedIn ist von entscheidender Bedeutung für eine erfolgreiche Lead-Generierung. Mit den richtigen Methoden und Nachrichten lassen sich wertvolle Geschäftsbeziehungen aufbauen.

Tipp: Im Rahmen meiner Workshops entwickeln wir gemeinsam Ideen und setzen die richtige Nachricht gezielt ein.

21. ANTWORTEN AUF NACHRICHTEN

Unabhängig davon, ob Sie gerade erst mit der Akquise beginnen oder bereits regelmäßig potenzielle Kunden ansprechen, werden Sie feststellen, dass die Reaktionen auf Ihre Nachrichten sehr unterschiedlich ausfallen können. Sie reichen von völliger Ignoranz bis hin zur direkten Einladung zu einem Gespräch. Es ist daher wichtig, Ihre Erwartungen richtig zu setzen.

Im Folgenden werden die häufigsten Antworttypen vorgestellt und es wird erklärt, wie damit umzugehen ist.

1. Keine Reaktion – Ihre Nachricht wird ignoriert

Die häufigste Reaktion auf eine Kontaktanfrage ist, dass diese nicht beantwortet wird. Ungefähr 95 % der Nachrichten bleiben unbeantwortet. Lassen Sie sich davon jedoch nicht entmutigen, denn die Tatsache, dass jemand nicht sofort reagiert, bedeutet nicht, dass der Kontakt wertlos ist. Die Person hat Ihre Kontaktanfrage angenommen, was bedeutet, dass sie Ihre Inhalte in ihrem Feed sehen kann, sofern Sie regelmäßig posten.

Meine Empfehlung ist, diese Kontakte nach 3–6 Monaten erneut anzusprechen. Eventuell hat sich ihre Situation oder ihr Bedarf verändert. Auch verschiedene Herangehensweisen sind sinnvoll:

- Erst eine wertvolle Info teilen
- Später eine Einladung zu einem Event oder Webinar senden

2. „Wir haben das bereits abgedeckt." / „Kein Interesse."

Diese Antwort kann verschiedene Ursachen haben:

- Sie lösen das Problem intern.
- Sie arbeiten mit einem anderen Anbieter.
- Sie haben aktuell keinen Bedarf.

Hier sollten Sie nachfragen:

- „Haben Sie das Thema intern gelöst?"
- „Arbeiten Sie mit einem Anbieter zusammen? Wann läuft der Vertrag aus?"
- „Möchten Sie aus meinem Verteiler entfernt werden oder macht es Sinn, in Kontakt zu bleiben?"

Viele bleiben gerne in Kontakt – und wer weiß? Vielleicht wechselt die Person in eine neue Firma oder ist später doch interessiert.

3. „Melden Sie sich später noch einmal."

Das ist eine gute Nachricht! Hier lohnt es sich, nachzufassen:

- „Was müsste sich ändern, damit das Thema relevanter wird?"
- „Liegt es an einem laufenden Vertrag oder anderen Prioritäten?"

Diese Kontakte sollten in Ihr CRM-System einzutragen und kontinuierlich verfolgt werden. Viele Verkäufer übersehen diese Möglichkeit, obwohl sie eine effektive Methode darstellt, um langfristig Leads zu generieren.

4. „Ich bin nicht der richtige Ansprechpartner"

Eine Weiterleitung innerhalb eines Unternehmens bietet eine große Chance. Nutzen Sie diese Möglichkeit:

- Fragen Sie, ob die Person genannt werden kann.
- Finden Sie heraus, wie wichtig das Thema für die Firma ist.

5. „Wollen Sie mir etwas andrehen?"

Viele fürchten diese Antwort, aber sie kann sich als wertvoll erweisen. In manchen Fällen ist der Empfänger aufgrund der Vielzahl an Verkaufsnachrichten genervt. Es ist empfehlenswert, auf diesen Umstand mit Humor oder einer ehrlichen Nachfrage zu reagieren.

- „Sie haben wohl heute schon einige Nachrichten bekommen?"
- „Darf ich fragen, welche Punkte Sie für nicht relevant halten?"

6. „Ich melde mich bei Ihnen." (Wird er aber niemals machen)

Diese Antwort bedeutet meistens ein höfliches Nein. Fragen Sie nach:

- „Wann wäre ein guter Zeitpunkt, noch mal nachzufragen?"
- „Wäre es in Ordnung, wenn ich mich in vier Monaten melde?"

Die wenigsten erwarten, dass Sie nachhaken – wenn Sie es tun, heben Sie sich von anderen ab. Denken Sie dran: Auch wenn Sie keine Rückmeldungen erhalten, bleiben Sie in Ihrem Netzwerk und sehen Ihre Inhalte. So können Sie sie indirekt weiter ansprechen.

7. „Das suche ich gerade – Lassen Sie uns telefonieren!"

In der Praxis kommt dieser Fall selten vor, natürlich ist das der optimale Fall. Auf den wir hingearbeitet haben. Versuchen Sie diese positive Meldung sofort in einen Gesprächstermin umzuwandeln.

Kontakte weiter in Aktion halten

Es ist unerheblich, welche Antwort Sie erhalten – jeder Kontakt sollte in einen langfristigen Akquise-Prozess überführt werden. Möglichkeiten:

- Durch LinkedIn-Posts eine Präsenz aufbauen.
- Wertvolle Inhalte per E-Mail teilen (nur mit Zustimmung).
- Kontakte in eine Sales Navigator Liste speichern, um Updates zu verfolgen.

Es ist wichtig, den langfristigen Charakter des Akquise-Prozesses im Blick zu behalten und kontinuierlich an die Möglichkeit zu denken, dass sich aus einem heute noch uninteressierten Kontakt in einigen Monaten oder einem Jahr ein Kunde entwickeln kann.

22. VERTRIEBSMÖGLICHKEITEN AUF LINKEDIN

LinkedIn bietet verschiedene Strategien, um den Vertrieb zu optimieren und anhaltende Kundenbeziehungen aufzubauen. Erfolgreicher Vertrieb auf LinkedIn basiert auf einer Kombination aus gezieltem Networking, wertorientierter Kommunikation und einer strategischen Content-Strategie

Account-Based Selling (ABS)

Statt eine Vielzahl potenzielle Kunden anzusprechen, fokussiert sich ABS auf die gezielte Ansprache einzelner Unternehmen und deren Entscheider.

Nutzen Sie Social Proof

Kundenreferenzen, Testimonials und Fallstudien stärken die Glaubwürdigkeit und erleichtern den Einstieg in Verkaufsgespräche.

Schalten Sie LinkedIn Ads

Sponsored Content, InMail-Kampagnen und Retargeting helfen dabei, die richtigen Entscheider zu erreichen und qualifizierte Leads zu generieren.

Lead Nurturing

Durch kontinuierliche Interaktion, wertvollen Content und gezielte Follow-ups können Interessenten systematisch zu Kunden entwickelt werden.

Datengetriebener Vertrieb

LinkedIn bietet umfangreiche Analysetools, um den Erfolg von Vertriebsaktivitäten zu messen und zu optimieren.

Eine strategische und authentische Kommunikation auf LinkedIn ist essenziell für eine erfolgreiche Lead-Generierung und den Vertrieb. Durch die Implementierung

gezielter Vertriebsstrategien lassen sich nachhaltige Geschäftsbeziehungen aufbauen und langfristiger Erfolg sichern.

23. DER SOCIAL SELLING INDEX (SSI)

Beim Social Selling auf LinkedIn gibt es drei zentrale Prinzipien, die Sie verstehen sollten:

- Die Sichtbarkeit
- Der Social Selling Index (SSI)
- Das Prinzip „Geben und Nehmen"

Die Sichtbarkeit

Um LinkedIn für Ihr Business optimal zu nutzen, ist es wichtig, das Prinzip der Sichtbarkeit zu verstehen. Ursprünglich stammt dieses Modell aus dem Empfehlungsmarketing, doch es lässt sich perfekt auf das Social Selling übertragen.

Die Qualität Ihres Netzwerks – und damit Ihr Erfolg – basiert auf den Beziehungen, die Sie aufbauen. Effektives Networking funktioniert in beide Richtungen: Sie helfen anderen und im Gegenzug öffnen sich für Sie neue Türen. Jede Geschäftsbeziehung durchläuft dabei drei Phasen:

Sichtbarkeit

Wenn Sie niemand kennt, kann niemand mit Ihnen Geschäfte machen. Ihre LinkedIn-Seite ist wie ein digitaler Verkäufer, der immer für Sie arbeitet. Ihr Profil muss top sein. Sie müssen regelmäßig relevante Inhalte posten. Und Sie sollten aktiv in Ihrer Branche wahrgenommen werden.

Glaubwürdigkeit

Sie müssen für Ihre Kunden interessant sein und ihnen vertrauenerweckend erscheinen. Denn sie kaufen lieber von Leuten, denen sie vertrauen.
Sie sollten ihnen helfen und sie nicht nerven. Bauen Sie Beziehungen auf, bevor Sie etwas verkaufen wollen und zeigen Sie, dass Sie sich gut auskennen.

Viele machen den Fehler, direkt zu verkaufen. Das ist unprofessionell. Man muss erst sichtbar werden und dann Vertrauen aufbauen.

Der Social Selling Index (SSI) – Dein Erfolgsbarometer auf LinkedIn

Beim Social Selling geht es darum, Beziehungen aufzubauen und deine Marke sichtbar zu machen. Dadurch bleibst du deinen Kunden in Erinnerung, wenn sie bereit sind, zu kaufen. Tatsächlich wollen die meisten potenziellen Kunden nicht kaufen. Social Selling sorgt dafür, dass sie sich an dich erinnern, wenn sie dazu bereit sind.

Social Selling-Leader generieren viel mehr Geschäftschancen als der Durchschnitt. Sie erreichen ihre Verkaufsziele häufiger. Social Seller übertreffen ihre Kollegen, die keine Social-Media-Strategie nutzen.

Ihr Social Selling Index (SSI) – Der Benchmark

Der Social Selling Index (SSI) ist ein Score von 0 bis 100, der misst, wie gut Sie Social Selling auf LinkedIn betreiben.

Wo finden Sie den SSI-Index?

Öffnen Sie LinkedIn in Ihrem Browser. Gehe Sie auf diesen Link:

http://linkedin.com/sales/ssi Ihr aktueller SSI-Wert wird angezeigt.

Mehr Punkte erreichen

70+ Punkte? Sehr gut! Kleine Optimierungen reichen bereits aus.
40–70 Punkte? Du bist auf dem richtigen Weg, aber es gibt noch Luft nach oben.
Unter 40 Punkten? Kein Problem – mit den Strategien in diesem Buch können Sie Ihren SSI kontinuierlich steigern.

Die 4 Bausteine deines SSI-Scores

Der SSI setzt sich aus vier Bereichen zusammen – jeder kann maximal 25 Punkte erreichen:

Bereich	Beschreibung
1. Professionelle Marke aufbauen *(Orange)*	Ein vollständiges, professionelles LinkedIn®-Profil mit gutem Content sorgt für mehr Sichtbarkeit.
2. Die richtigen Leute finden *(Lila)*	Aktive Suche nach passenden Kontakten, z. B. mit Sales Navigator™ oder LinkedIn®-Filtern.
3. Mit Insights interagieren *(Grün)*	Engagement mit anderen Inhalten, Kommentare, Likes und das Teilen wertvoller Beiträge.
4. Beziehungen aufbauen *(Blau)*	Regelmäßiger Austausch mit Entscheidungsträgern und sinnvolle Gespräche mit deinem Netzwerk.

Wie du deinen SSI gezielt verbesserst

1 Professionelle Marke aufbauen (Orange)

Das Profil sollte vollständig sein – inklusive Profilbild, Banner, "Über mich"-Text und Berufserfahrung. Veröffentlichen Sie regelmäßig Inhalte – Posts, Artikel, Videos oder Karussell-Beiträge. Lassen Sie sich Empfehlungen geben und unterstützen andere Kontakte Ihrem Netzwerk.

2 Die richtigen Kontakte finden (Lila)

Nutzen Sie die LinkedIn-Suche, um gezielt nach relevanten Kontakten zu suchen. Falls Sie über eine Sales Navigator Lizenz verfügen, speichern Sie Kontakte in Listen ab.

Schauen Sie regelmäßig Profile aus Ihrer Zielgruppe an – das steigert den SSI!

3 Mit Insights interagieren (Grün)

Kommentieren und liken Sie Beiträge aus Ihrer Branche. Veröffentlichen Sie wertvolle Inhalte und reagieren Sie auf Kommentare unter Ihren Posts. Seien Sie in relevanten LinkedIn-Gruppen aktiv.

4 Beziehungen aufbauen (Blau)

Schreiben Sie persönliche Nachrichten, statt Standard-Anfragen zu versenden. Reagieren Sie aktiv auf Nachrichten in Ihrem Postfach. Bauen Sie langfristige Beziehungen auf, anstatt sofort verkaufen zu wollen.

Dieses Kapitel befasst sich mit der Frage, ob ein kostenpflichtiger Account – speziell der Sales Navigator – für Sie und Ihr Unternehmen sinnvoll ist. LinkedIn bietet verschiedene kostenpflichtige Pakete an, die auf unterschiedliche Nutzergruppen zugeschnitten sind:

Der größte Unterschied liegt in den erweiterten Such- und Kontaktmöglichkeiten sowie in der Detailtiefe der Netzwerkanalyse.

LinkedIn Premium

Premium bietet folgende Funktionen: - 15 InMails pro Monat - Erweiterte Suchfilter - Unbegrenzte Suchen im erweiterten Netzwerk - Mehr Firmendaten: Die größte Einschränkung bei der kostenlosen Version von LinkedIn ist das begrenzte Suchlimit. Im Vergleich zur kostenlosen Version bietet LinkedIn Premium eine deutlich erweiterte Suchfunktion und mehr Flexibilität bei der Anzahl der monatlichen Suchanfragen.

Sales Navigator

Ein Werkzeug, das speziell für Vertriebsprofis entwickelt wurde, um LinkedIn strategisch für ihre Ziele zu nutzen. Das Tool unterstützt Sie dabei, relevante Kontakte zu knüpfen, gezielt mit Entscheidungsträgern in Kontakt zu treten und Ihre Social-Selling-Strategie zu optimieren.

Die Philosophie von Sales Navigator lautet: Sie verfügen über Expertise im Bereich des Verkaufens – wir liefern Ihnen die technischen Möglichkeiten, dies in LinkedIn umzusetzen. Es geht nicht um unpersönliches Kaltakquise-Spamming, sondern um gezielte Lead-Generierung anhand von intelligenten Algorithmen, die individuell passende Kontakte vorschlagen.

Der Sales Navigator steht in zwei Varianten zur Verfügung:

1. Sales Navigator Core (für Einzelpersonen)
2. Sales Navigator Advanced (für Teams)

Funktionen des Sales Navigator Core:

- Ausgereifte Suchfilter zur Optimierung der Leadgenerierung
- Echtzeit-Updates zu potenziellen Kunden und Bestandskunden
- Zugriff auf vollständige Profile von außerhalb des eigenen Netzwerks
- InMails für Direktnachrichten an Personen außerhalb des Netzwerks
- Social Selling Index (SSI) zur Messung des Erfolgs Ihrer Aktivitäten
- Regionale Filter – z. B. gezielte Suchen im Umkreis von 15 bis 30 km
- Unbegrenzte Suchen (kein „kommerzielles Suchlimit" wie bei der Free-Version)
- Möglichkeit, Leads und Unternehmen zu speichern und deren Aktivitäten zu verfolgen
- Account-Mapping für eine bessere Übersicht über Unternehmensstrukturen
- Was bringt Sales Navigator für Vertriebsteams?
- Sales Navigator Advanced bietet zusätzlich:
- Gemeinsame Lead- und Account-Listen für Teammitglieder
- Benachrichtigungen über Käufer-Interesse
- CRM-Integration (Salesforce & Microsoft Dynamics)
- Team-Performance-Analyse mit SSI-Scoreboard

Viele große Unternehmen setzen auf Sales Navigator Advanced, um ihr Vertriebsteam besser zu vernetzen und den Verkaufsprozess effizienter zu gestalten.

30-Tage-Testversion – Achtung vor der Abrechnung!

LinkedIn bietet eine 30-tägige kostenlose Testversion vom Sales Navigator an.

Wichtiger Hinweis:

Beim Anmelden musst du deine Kreditkartendaten hinterlegen.
Standardmäßig wird das Jahresabo vorausgewählt.

Falls Sie es nicht rechtzeitig kündigen, wird der komplette Jahresbetrag abgebucht!

Tipp: Unbedingt auf Monatsabo umstellen, wenn Sie flexibel bleiben wollen. Bei bereits bestehenden Testabos ist eine Wartezeit von zwölf Monaten erforderlich, bevor ein erneuter kostenloser Test möglich ist.

Fazit: Lohnt sich Sales Navigator?

Zusammenfassend lässt sich festhalten, ob sich die Nutzung von Sales Navigator lohnt. Bei einer gelegentlichen Nutzung von LinkedIn ist die kostenlose Version ausreichend. Bei einer aktiven Vertriebsarbeit hingegen ist die kostenpflichtige Version von Sales Navigator zielführend. Um die Effektivität von Sales Navigator zu maximieren, ist es empfehlenswert, zunächst die kostenlose Version zu nutzen und sich intensiv mit deren Funktionalitäten auseinanderzusetzen. Im Anschluss daran kann die kostenpflichtige Version in Anspruch genommen werden.

Die folgenden Schritte sind dabei zu berücksichtigen:

- Testen Sie den Sales Navigator für 30 Tage kostenlos
- Überlegen Sie, welches Paket für Sie oder Ihr Team sinnvoll ist
- Entscheiden Sie, ob Sie langfristig mit Sales Navigator arbeiten möchten.
- Lernen Sie die nächsten Kapitel, um das Beste aus dem Sales Navigator herauszuholen.
- Holen Sie sich mein Training, um es richtig zu nutzen
- Falls Sie Fragen haben oder ein LinkedIn-Sales-Navigator-Training benötigen, melden Sie sich gerne bei mir!

25. SALES NAVIGATOR – DIE PERFEKTE SUCHE

Der Sales Navigator ist ein leistungsstarkes Tool zur Akquise von geeigneten Kunden. Bitte halten Sie beim Lesen dieses Kapitels Ihr ideales Kundenprofil griffbereit oder notieren Sie es zumindest.

Vor dem Einstieg in die Suchfunktionen des Sales Navigators sind zwei wichtige Begriffe zu beachten:

Lead = eine Person

Account = ein Unternehmen

Mit diesen Begriffen können Sie gezielt nach Leads (Personen) oder Accounts (Unternehmen) suchen. Diese Begriffe werden in diesem und den folgenden Kapiteln häufiger verwendet.

Für effiziente Vertriebsarbeit ist eine optimale Nutzung der Suchfunktionen im Sales Navigator unerlässlich. Es stehen zahlreiche Filteroptionen zur Verfügung.
Der Sales Navigator bietet mehr Funktionen als die kostenlose LinkedIn-Version, z. B. die Möglichkeit, Suchanfragen zu speichern und Leads wiederholt aufzurufen. Neue Leads werden automatisch vorgeschlagen.

Suchfilter im Sales Navigator

- 33 Filter für Lead-Suchen
- 16 Filter für Account-Suchen
- Es kommen ständig neue hinzu

Lead-Suchfilter

- Unternehmensfilter:
- Aktuelles Unternehmen

- Personalbestand des Unternehmens
- Früheres Unternehmen
- Unternehmenstyp
- Firmensitz

Rollenfilter:

- Tätigkeitsbereich
- Aktuelle Position
- Karrierestufe
- Frühere Position
- Jahre im aktuellen Unternehmen
- Jahre in aktueller Position

Persönliche-Filter:

- Region
- Branche
- Vorname
- Nachname
- Profilsprache
- Berufserfahrung
- Gruppen
- Hoch./Berufsschule
- Besuchte Schulen

Kaufinteresse-Filter:

- Unternehmens-Follower:innen
- Kontakte von
- Ehemalige:r Kollegin
- Weisen Gemeinsamkeiten auf
- Aktuelle Updates:
- Haben den Job gewechselt

- Haben etwas auf LinkedIn gepostet
- Wurden in den News erwähnt
- Workflow-Filter:
- Persona
- Account-Listen
- Lead-Listen
- Personen im CRM-System
- Personen, mit denen Sie interagiert haben
- Gespeicherte Leads und Accounts

Alle verfügbaren Filter sind im Sales Navigator auf der linken Seite bei der Erstellung der Suche aufgeführt. Einige Filter bieten Auswahlmenüs, während andere eine direkte Texteingabe oder einen An- und Ausschalter erfordern.

Account-Suchfilter

- Unternehmensattribute:
- Jahresumsatz
- Personalbestand des Unternehmens
- Personalzuwachs des Unternehmens
- Hauptsitz
- Branche
- Anzahl der Follower:innen
- Personalbestand (Abteilung)
- Personalzuwachs (Abteilung)
- Fortune
- Verwendete Technologien
- Spotlights:
- Karrierechancen
- Aktuelle Aktivitäten
- Kontakt
- Workflow-Filter:
- Unternehmen im CRM-System
- Gespeicherte Accounts
- Account-Listen

Alle Filter sind im Sales Navigator auf der linken Seite beim Erstellen einer Account-Suche zu finden.

Es empfiehlt sich, alle Lead- und Account-Filter zu prüfen und sie zu erforschen. Von besonderer Relevanz ist die Kenntnis der Branchenliste, welche gegenwärtig 460 verschiedene Branchen in Sales Navigator umfasst. Eine präzise Kenntnis dieser Terminologie ermöglicht eine präzisere Suche.

26. SALES NAVIGATOR - LISTENAUFBAU

Im Social Selling spielt das Erstellen von Listen eine zentrale Rolle und ist ein wichtiger Bestandteil des täglichen Verkaufsprozesses.

Es ist wichtig, dass Sie über die richtige Anzahl an Leads und Accounts verfügen, um Ihre Zeit im Sales Navigator effizient zu nutzen.

Wenn Sie täglich 15 Personen kontaktieren möchten, benötigen Sie eine Liste von 350 gespeicherten Leads pro Monat. Wenn Sie 5 Kontakte pro Tag einplanen, sollten Sie eine Liste mit 150 Leads pro Monat erstellen.

Die Organisation des Listenaufbaus

Ich empfehle, jeden Tag 15 bis 30 Minuten im Kalender für den Listenaufbau zu reservieren. Durch den gezielten Einsatz von gespeicherten Suchen und den kontinuierlichen Ausbau deines Netzwerks können Sie neue Interessenten finden und verschiedene Segmente Ihrer Zielgruppe abdecken.

Lead- und Kundenlisten

Im Sales Navigator können Sie zwei Arten von Listen erstellen:

- Lead-Liste (Kontakte)
- Account-Liste (Unternehmen)

Listenvorschläge

Liste der wichtigsten Zielkunden (Account-Liste).

Erstellen Sie eine Liste von Unternehmen, die Ihr Geschäft entscheidend voranbringen können. Nutzen Sie die Filter- und Suchfunktionen des Sales Navigators, um diese Liste zu erstellen und gezielt zu verfolgen.

Liste bestehender Kunden (Account-Liste)

Diese Liste hilft Ihnen, bestehende Kunden nicht erneut anzusprechen und gleichzeitig ihre Aktivitäten im Auge zu behalten. Wenn der Sales-Navigator mit einem CRM wie Salesforce oder Microsoft Dynamics verknüpft ist, können Sie bestehende Accounts automatisch ausschließen.

Liste aller aktuellen Interessenten (Lead- & Account-Liste)

Behalten Sie Ihre Interessenten im Auge, auch wenn sie bisher nicht zu Kunden konvertiert sind. Wenn Sie die Interessenten in Listen speichern, können Sie ihre Aktivitäten leichter verfolgen und gezielt nachfassen.

Liste der Schlüsselkunden für die Expansion (Account-Liste)

Identifizieren Sie Unternehmen, mit denen Sie bereits zusammengearbeitet haben, die aber noch Potenzial für weitere Geschäftsbeziehungen bieten, sei es in neuen Abteilungen oder geografischen Märkten.

Liste von Schlüsselkunden, die zurückgewonnen werden sollen (Account-Liste)

Kunden, die an Wettbewerber verloren gegangen sind, können zu einem späteren Zeitpunkt zurückgewonnen werden. Diese Liste hilft, sie im Auge zu behalten und den richtigen Zeitpunkt für eine erneute Kontaktaufnahme zu finden.

Liste potenzieller Neukunden (Lead- & Account-Liste)

Dies ist wahrscheinlich eine der größten Listen. Unterteilen Sie sie in verschiedene Kategorien wie Branchen, Jobfunktionen und Standorte. Account-Listen enthalten Unternehmensnamen, während Lead-Listen spezifische Personen und Positionen enthalten sollten.

Liste von Brancheneinflussgebern, Stakeholdern und Vordenkern (Lead-Liste)

Diese optionale Liste hilft Ihnen, Branchentrends, Nachrichten und Meinungen zu verfolgen. Außerdem können Sie mit relevanten Influencern in Kontakt treten, um sich in der Branche besser zu positionieren.

Automatisch generierte System-Listen

Der Sales Navigator erstellt automatisch empfohlene Leads, basierend auf deinen gespeicherten Suchen und CRM-Daten. Hier sollten Sie untersuchen, was wirklich brauchbar ist.

Effektiver Listenaufbau

Speichern Sie Accounts und Leads entweder manuell oder nutzen Sie die Funktion "Alle auswählen", um mehrere Einträge gleichzeitig hinzuzufügen.

Strukturieren Sie Ihre Listen nach logischen Gruppen, um effizienter zu agieren. Beispielsweise sollte eine Liste mit Buchhaltern nicht mit Vertriebsleitern oder CEOs vermischt werden.

Eine gut organisierte Liste mit 150-500 Leads eines ähnlichen Profils erleichtert die tägliche Ansprache erheblich.

27. SALES NAVIGATOR – SCHLÜSSEL ZU BESSEREN VERKAUFSCHANCEN

Sobald Sie Ihre Zielfirmen im Sales Navigator hinterlegt haben, kommt eine besonders wertvolle Funktion ins Spiel: Das Account Mapping. Sie ist vor allem dann nützlich, wenn Sie Unternehmen mit mehr als 100 Mitarbeitern ansprechen. In solchen Unternehmen gibt es mehrere Entscheidungsträger, die Sie für einen erfolgreichen Verkaufsabschluss überzeugen müssen.

Was ist ein Account Map?

Ein Account Map ist eine visuelle Darstellung der wichtigsten Ansprechpartner und ihrer Beziehungen innerhalb eines Zielunternehmens. Es gibt einen Überblick darüber, wie das Unternehmen funktioniert und wer die entscheidenden Personen sind, die Sie für Ihr Angebot gewinnen müssen.

Im Gegensatz zu einem klassischen Organigramm berücksichtigt ein Account Map auch informelle Hierarchien und Einflussstrukturen. Diese Erkenntnisse helfen, den besten Weg für Ihre Verkaufsstrategie zu finden. Zwar gibt es ähnliche Funktionen in CRM-Systemen, doch dort müssen Sie bereits wissen, wer die relevanten Personen sind.

Der Sales Navigator hingegen zeigt Ihnen automatisch potenzielle Entscheider und Einflussnehmer, die Sie vielleicht noch gar nicht auf dem Plan hatten.

Ein gut strukturiertes Account Mapping gibt eine ganzheitliche Sicht auf Ihr Zielunternehmen. Sie erkennen, wer Budgets verwaltet und wer den Entscheidungsprozess maßgeblich beeinflusst.

In größeren Unternehmen sind oft viele Personen an einer Budgetfreigabe beteiligt. Nichts ist frustrierender, als ein erfolgreiches Verkaufsgespräch zu führen und dann kurz vor Abschluss von einer unerwarteten Person blockiert zu werden.
Mit dem Sales Navigator können mehrere Account Maps pro Unternehmen erstellt werden. So können Sie zum Beispiel eine Karte für die Sales- und

Marketingabteilung anlegen und eine weitere für Operations, HR und Recht. Das ist besonders hilfreich, wenn deine Lösung verschiedene Abteilungen betrifft.

Die drei Stufen eines Account Maps

In Sales Navigator sind Account Maps in drei Stufen unterteilt. Sie können diese individuell definieren. Hier ist eine bewährte Struktur:

1: *Wirtschaftliche Entscheider*
Budget-Verantwortliche, Geschäftsführer, C-Level-Positionen
2: *Technische Entscheider*
Fachliche Sponsoren, mittleres Management, interne Influencer
3: *Nutzer*
Personen, die deine Lösung verwenden, aber keine Kaufentscheidung treffen

Der Sales Navigator speichert automatisch alle hinzugefügten Personen als Leads. Sie können sie per Drag-and-Drop verschieben. Pro Account Map sind bis zu 20 Personen möglich. Sie können jederzeit eine zweite Map für dasselbe Unternehmen erstellen.

Wie Sie ein Account Map erstellen

Beim Aufbau eines Account Maps zeigt Ihnen der Sales Navigator auf der linken Seite empfohlene Leads. Diese Vorschläge basieren auf den bereits hinzugefügten Kontakten und können nach Abteilungen gefiltert werden.

Sie finden den Account Map eines Unternehmens direkt auf der jeweiligen Account-Seite im Sales Navigator. Dort können Sie falsche Kontakte entfernen, relevante Entscheider hinzufügen und neue Leads speichern.

Der Aufbau einer effektiven Account Map dauert etwa 15 bis 45 Minuten pro Unternehmen. Es lohnt sich jedoch nicht, für jede gespeicherte Firma eine Map zu erstellen. Stattdessen sollten Sie sich auf folgende Prioritäten konzentrieren:

- Bestehende Key Accounts, die Sie weiterentwickeln wollen
- Alle potenziellen Kunden in deiner Pipeline mit einer Abschlusswahrscheinlichkeit von über 10 %
- Ihre Wunschkunden – Erstelle hier regelmäßig Maps
- Wichtige Kunden, bei denen Sie bisher nur wenige Kontakte haben

Warum Account-Mapping so wichtig ist?

Account Mapping ist eine zentrale Fähigkeit im modernen Vertrieb. Es hilft Ihnen, größere Geschäftsanbahnungen schneller abzuschließen, indem Sie gezielt mit den relevanten Personen sprechen und interne Blockaden frühzeitig erkennen. Je mehr Kontakte Sie in einem Unternehmen haben, desto höher sind die Chancen, als glaubwürdiger Anbieter wahrgenommen zu werden.

Besonders wirkungsvoll wird diese Strategie, wenn Sie mit Social Selling kombiniert wird – also regelmäßig relevante Inhalte in deinem LinkedIn-Newsfeed geteilt werden. Je sichtbarer Sie für die Entscheider sind, desto besser stehen Ihre Verkaufschancen.

5 konkrete Maßnahmen für Ihren Vertriebserfolg:

- Erstellen Sie einen Account Map für jeden bestehenden Kunden, den Sie weiterentwickeln wollen.
- Erstellen Sie einen Account Map für alle Interessenten mit einer Abschlusswahrscheinlichkeit von 10 % oder höher.
- Erstellen Sie ein Account Map für Ihre Wunschkunden
- Erstellen Sie Account Maps für Key Accounts, bei denen Sie bislang nur wenige Kontakte haben.
- Üben Sie, mehrere Account Maps für ein Unternehmen zu erstellen – für verschiedene Abteilungen und Einflussgruppen.

Mit einer klugen Account Mapping-Strategie gewinnen Sie nicht nur mehr Kunden, sondern bauen auch langfristige und stabile Geschäftsbeziehungen auf.

28. SALES NAVIGATOR NEWSFEED

Der große Vorteil des Sales Navigator Newsfeeds ist, dass er keinen Algorithmus hat. Anders als der reguläre LinkedIn-Newsfeed entscheiden Sie allein, welche Inhalte man sieht. Der Newsfeed basiert ausschließlich auf den von Ihnen gespeicherten Leads und Accounts. Sobald Sie Listen mit potenziellen Kunden oder bestehenden Kontakten angelegt haben, hält Sie der Newsfeed über alle relevanten Entwicklungen auf dem Laufenden.

Warum ist das wichtig?

Beim Social Selling müssen Sie stets auf dem neuesten Stand sein: Veränderungen in der Branche, Führungswechsel, Unternehmensfusionen, Finanzierungsrunden oder Beförderungen – all diese Ereignisse können Ihre Verkaufschancen beeinflussen. Besonders wichtig ist es, wenn ein entscheidender Ansprechpartner die Firma verlässt oder befördert wird. Der Newsfeed sorgt dafür, dass Sie diese Informationen frühzeitig erhalten.

Ein weiterer Vorteil: Gezielte Interaktion mit Ihren Kontakten wird einfacher. Wenn Sie Leads und Accounts gespeichert haben, sehen Sie deren Beiträge direkt in deinem Feed und können gezielt mit ihnen interagieren.

Gezielte Interaktion im Sales Navigator

Auf dem regulären LinkedIn-Newsfeed werden Ihnen Beiträge auf Basis eines Algorithmus angezeigt. Das führt oft dazu, dass Sie nur mit Bekannten oder Kollegen interagieren – gut für Beziehungen, aber nicht unbedingt für den Vertrieb.

Gezielte Interaktion bedeutet, dass Sie bewusst mit den Beiträgen Ihrer Wunschkunden interagieren, indem Sie sinnvolle Kommentare hinterlassen oder ihre Inhalte teilen. So bleiben Sie bei potenziellen Kunden sichtbar und bauen gleichzeitig Vertrauen auf – ohne direkt zu verkaufen.

Wie funktioniert das?

Jeden Tag einige Minuten in den Sales Navigator investieren. Die Beiträge von Wunschkunden oder bestehenden Kontakten gezielt kommentieren. Wertvolle Einblicke oder Fragen hinzufügen, statt einfach nur „Glückwunsch!" zu schreiben.

Interaktionen erhöhen Ihre Sichtbarkeit nicht nur beim ursprünglichen Poster, sondern auch bei allen anderen, die den Beitrag sehen.

Praxisbeispiel: Ein Berater kommentierte gezielt den Post eines Geschäftsführers. Dadurch kam es zu einer Unterhaltung, dann zu einem Meeting – und schließlich zu einem neuen Kunden. Ohne diese gezielte Interaktion wäre dieser Kontakt nie zustande gekommen.

Wie filtern Sie Ihren Newsfeed richtig?

Beim Einloggen im Sales Navigator sehen Sie zunächst „Alle Benachrichtigungen". Sie können den Feed aber anpassen und gezielt Lead- oder Account-Updates filtern:

Lead Alerts – Wichtige Updates über Personen

- Karrierewechsel: Wechsel in eine neue Position oder ein neues Unternehmen.
- Lead-Interaktionen: Wer hat dein Profil besucht oder eine Anfrage angenommen?
- Lead-News: Berichte über deine Kontakte in den Medien.
- Lead-Posts: Zeigt Ihnen die Beiträge Ihrer gespeicherten Kontakte.
- Vorgeschlagene Leads: Potenzielle neue Kontakte, die für Sie relevant sein könnten.

- Unternehmenswachstum: Neue Niederlassungen oder Expansionen.
- Kaufinteresse: Personen, die mit deinen Anzeigen oder deiner Unternehmensseite interagieren.
- Neue Entscheider: Neue Kontakte auf Führungsebene.
- Unternehmens-News: Aktuelle Entwicklungen deiner Zielkunden.
- Account-Updates: Sonstige relevante Unternehmensveränderungen.
- Risikoanalysen: Hinweise auf geschäftliche Herausforderungen bei ihren Zielkunden.
- Besonders das Kaufinteresse ist spannend – es zeigt dir an, wenn Unternehmen bereits Interesse an deiner Dienstleistung oder deinem Produkt zeigen.

4 Sofort umsetzbare Maßnahmen

- Verschaffe dir einen Überblick über deinen Sales Navigator Newsfeed und die verschiedenen Filteroptionen.
- Nutze gezielt Filter, z. B. „Lead-Posts" oder „Unternehmen in den Nachrichten".
- Reagieren Sie täglich auf fünf Beiträge von gespeicherten Leads mit wertvollen Kommentaren (mind. 20 Wörter).
- Plane täglich 10 Minuten in deinem Kalender für gezielte Interaktion im Sales Navigator.

Speichern Sie wichtige Accounts, damit sie prominent in Ihrem Newsfeed erscheinen. Diese Strategie hilft Ihnen, Ihre Sichtbarkeit zu erhöhen, Beziehungen aufzubauen und langfristig mehr Geschäftschancen zu generieren – ohne plump zu verkaufen.

29. SALES NAVIGATOR – EINBLICKE (INSIGHTS)

Im Sales Navigator beziehen sich Insights auf Unternehmen (Accounts), die Sie verfolgen. In diesem Abschnitt sollten Sie sich eine Firma aus Ihrer Pipeline oder Ihre Wunschkundenliste heraussuchen und sie im Sales Navigator aufrufen. Dort finden Sie zahlreiche wertvolle Details, darunter:

- Zahl der Beschäftigten
- Verteilung und Personalbestand
- Neueinstellungen
- Jobangebote
- Personas

Ein besonders nützlicher Bereich ist „Ebenfalls angesehen". Hier finden Sie Unternehmen, die Ihrem idealen Kundenprofil entsprechen, basierend auf der Firma, die Sie gerade betrachten.

Am Ende der Unternehmensseite befinden sich weitere Insights-Account-Mitteilungen, die nach Themen gefiltert werden können.

- Account-Wachstum
- Account-Risiko
- Account-Updates
- Neue Entscheider:innen
- Jobwechsel
- Vorgeschlagene Leads

Vier praktische Tipps aus diesem kurzem Kapitel:

1. Sehen Sie sich die Insights von 5 Schlüsselunternehmen an.
2. Analysieren Sie die Insights von fünf bestehenden Kunden - möglicherweise ergeben sich neue Chancen oder Sie erkennen neue Muster.
3. Schauen Sie sich den Bereich "Ebenfalls angesehen" an, um neue Kunden zu finden. Passen die Vorschläge?

4. Überprüfen Sie Ihren aktuellen SSI-Score (insbesondere den "Engage with Insights"-Wert) und beobachten Sie, wie er sich entwickelt, wenn Sie die Insights aktiv nutzen.

30. VORBEREITUNG AUF VERKAUFSGESPRÄCHE

Bereitet sich Ihr Vertriebsteam gründlich auf Verkaufsgespräche vor – oder agiert es eher situationsabhängig? Meine Erfahrung zeigt, dass viele Unternehmen ihre Verkaufsstrategien nicht ausreichend planen. Ich hingegen nutze den Sales Navigator und LinkedIn, um mich gezielt auf Meetings mit Unternehmen vorzubereiten.

Wenn Sie bereits mit dem Sales Navigator gearbeitet haben, werden Sie den Mehrwert dieser strategischen Vorbereitung sicherlich erkennen.

1. Account-Mapping – Wer sind die Entscheider?

Ich erstelle eine vollständige Account Map, um alle relevanten Entscheidungsträger über drei Hierarchieebenen hinweg zu identifizieren:

- Top-Management
- Vertriebs- und Marketingleiter
- Weitere wichtige Stakeholder

Ich besuche die LinkedIn-Profile dieser Personen, um ihre Hintergründe, Interessen und mögliche Anknüpfungspunkte zu verstehen.

2. Die Unternehmensseite analysieren

Ich prüfe die letzten LinkedIn-Posts des Unternehmens, um über aktuelle Themen, Erfolge und Herausforderungen informiert zu sein. Danach kommentiere ich Beiträge, die vom Management geteilt wurden. Ich folge der Unternehmensseite und speichere das Unternehmen im Sales Navigator, dabei stelle ich sicher, dass ich keine relevanten Updates verpasse.

Diese Strategie sorgt dafür, dass ich beim Gespräch auf dem neuesten Stand bin und direkt Bezug auf aktuelle Entwicklungen nehmen kann.

3. Wichtige Kontakte speichern

Ich speichere alle relevanten Personen im Sales Navigator. Dadurch erhalte ich automatische Benachrichtigungen über wichtige Ereignisse.

4. Wertvolle Einblicke (Insights) gewinnen

Der Sales Navigator liefert mir wertvolle Daten über das Unternehmen:

- Wachstum der Mitarbeiterzahl & Umsatzentwicklung
- Neueinstellungen & interne Wechsel
- Welche Abteilungen wachsen oder schrumpfen?

Diese Informationen helfen mir, das Gespräch strategisch zu führen.

5. Persönlichkeitsprofiling der Entscheider

Ich analysiere die Persönlichkeitstypen der wichtigsten Entscheider, um meine Kommunikation optimal anzupassen.

- Sind sie zahlengetrieben oder eher visionär?
- Mögen sie kurze, prägnante Infos oder ausführliche Erklärungen?
- Welche Argumente überzeugen sie am meisten?

Diese Vorbereitung ermöglicht es mir, mein Gegenüber gezielt abzuholen und schneller Vertrauen aufzubauen.

6. Verkaufsgesprächsvorbereitung

Ich erstelle einen detaillierten Plan, bevor ich ins Gespräch gehe:

- Welche Fragen stelle ich?
- Welche Fragen kann ich erwarten?
- Welche Ziele verfolge ich?
- Wie leite ich das Gespräch geschickt in meine Richtung?

Dadurch bin ich bestens vorbereitet und kann das Gespräch aktiv steuern, anstatt nur zu reagieren. Bereitet sich Ihr Vertriebsteam in dieser Tiefe vor? Wie sehr würde eine solche Strategie die Abschlussquote steigern?

7. LinkedIn als Recherche-Tool nutzen

LinkedIn ist eine mächtige Informationsquelle für Verkaufsgespräche. Durch gezielte Recherche können Sie herausfinden:

- Mit wem werden Sie sprechen?
- Wer sind die relevanten Entscheidungsträger?
- Welche Karrierestationen haben sie durchlaufen?
- Welche Interessen und Aktivitäten haben sie auf LinkedIn?

Mit diesen Informationen können Sie direkt eine persönliche Verbindung aufbauen und die Gesprächsführung verbessern.

8. LinkedIn als Recherche-Tool für Unternehmen nutzen

Neben der Person sollten Sie auch das Unternehmen analysieren. Besuchen Sie die Unternehmensseite und beantworten sich folgende Fragen:

- Wie groß ist das Unternehmen?
- Welche Wettbewerber werden auf LinkedIn genannt?
- Befinden sie sich im Wachstum oder in einer Krise?
- Welche neuen Stellen werden ausgeschrieben?
- Welche Inhalte posten sie regelmäßig?
- Welche Produkte & Services stehen im Fokus?

Mit diesen Informationen können Sie gezielt Chancen identifizieren und das Gespräch in die richtige Richtung lenken.

Maßnahmen aus diesem Kapitel

Nutzen Sie LinkedIn & Sales Navigator zur Kundenrecherche. Werten Sie Unternehmensinformationen gezielt aus. Erstellen Sie sich einen strukturierten Gesprächsleitfaden. Legen Sie eine Account-Map mit allen relevanten Entscheidungsträgern an. Mit dieser Strategie sind Sie Ihrem Mitbewerbern einen großen Schritt voraus und steigern die Abschlussquote erheblich.

31. KOMBINATION MIT CRM & ANDEREN VERTRIEBSKANÄLEN

Die Integration von LinkedIn in ein bestehendes CRM-System sowie die Kombination mit anderen Vertriebskanälen können die Effizienz und Reichweite des Vertriebs erheblich steigern. Eine gut durchdachte Strategie ermöglicht eine stimmige und dauerhafte Kundenansprache.

1. CRM-Integration für eine strukturierte Lead-Verwaltung

Ein CRM-System dient als zentrale Plattform zur Verwaltung von Kundenkontakten und Interaktionen. Die Verbindung mit LinkedIn ermöglicht eine automatisierte Erfassung von Leads und eine nahtlose Nachverfolgung von Konversationen.

Vorteile der CRM-Integration:

- Einheitliche Kundendatenverwaltung.
- Automatisierte Follow-up-Prozesse.
- Bessere Nachverfolgbarkeit von Interaktionen.
- Unterstützt die Zusammenarbeit zwischen Vertrieb und Marketing.

2. Synergien mit E-Mail-Marketing

E-Mail-Marketing ist nach wie vor einer der effektivsten Kanäle zur Lead-Generierung. Durch die Kombination mit LinkedIn können Kontakte, die über Social Selling gewonnen wurden, gezielt mit personalisierten E-Mails weiterentwickelt werden.

Mögliche Kombinationen:

- LinkedIn-Kontakte können in E-Mail-Kampagnen integriert werden.
- Die Erstellung von personalisierten E-Mails auf Basis von LinkedIn-Interaktionen.
- Kontakte mit wichtigen Informationen versorgen, bevor ein Verkaufsgespräch gestartet wird.

3. Telefonakquise & LinkedIn-Ansprache kombinieren

Telefonakquise bleibt ein wichtiger Bestandteil der B2B-Vertriebsstrategie. Die Kombination mit LinkedIn-Interaktionen kann die Erfolgschancen von Telefonaten deutlich verbessern.

Strategien:

- Vor dem Telefonat sollten Sie den LinkedIn-Kontakt genau analysieren, um eine maßgeschneiderte Ansprache zu ermöglichen.
- Nach einem ersten Telefonat eine personalisierte LinkedIn-Verbindungsanfrage gesendet.
- Regelmäßige Interaktionen mit potenziellen Kunden über LinkedIn-Posts oder Kommentaren.

4. Webinare & Events als Lead-Magnet nutzen

Digitale Events wie Webinare oder virtuelle Konferenzen sind eine ausgezeichnete Möglichkeit, potenzielle Kunden zu gewinnen. LinkedIn ermöglicht es, Teilnehmer gezielt anzusprechen und nach dem Event weiter im Sales-Funnel zu begleiten.

So nutzen Sie Events richtig:

- Nutzen Sie LinkedIn Ads um Events zu bewerben.
- Laden Sie Ihre Kontakte mit direkte Mitteilungen zum geplanten Event ein.
- Nach dem Event versenden Sie Nachrichten mit weiterführenden Inhalten oder Angeboten.

5. Retargeting-Strategien für nachhaltige Kundenansprache

LinkedIn bietet leistungsstarke Retargeting-Möglichkeiten, die mit anderen digitalen Marketingmaßnahmen kombiniert werden können. So können potenzielle Kunden, die bereits mit Inhalten interagiert haben, erneut angesprochen werden.

Effektive Retargeting-Maßnahmen:

- Website-Besucher durch LinkedIn Ads erneut ansprechen.
- Kontakte, die LinkedIn-Inhalte geliked oder kommentiert haben, gezielt per InMail kontaktieren.
- Dynamische Anzeigen mit personalisierten Angeboten erstellen.

Die Kombination von LinkedIn mit CRM-Systemen und anderen Vertriebskanälen ermöglicht eine gezielte Kundenansprache und eine effizientere Lead-Generierung. Unternehmen, die LinkedIn als Bestandteil einer Omnichannel-Strategie nutzen, profitieren von einer besseren Nachverfolgbarkeit, gesteigerter Effizienz und höheren Abschlussraten.

32. AUTOMATISIERUNG ODER PERSÖNLICHE ANSPRACHE?

Die richtige Balance zwischen Automatisierung und persönlicher Ansprache ist entscheidend für den Erfolg im Social Selling. In Zeiten der Automatisierung spielt die persönliche Interaktion eine entscheidende Rolle beim Aufbau von Vertrauen.

1. Vorteile der Automatisierung

- Automatisierte Prozesse ermöglichen eine effiziente Skalierung der Lead-Generierung und Vertriebskommunikation. Dazu gehören:
- Die automatische Kontaktaufnahme über LinkedIn-Tools.
- Regelmäßige Follow-ups über E-Mails und LinkedIn.
- Der Einsatz von Chatbots zur Erstqualifikation von Leads.

2. Grenzen der Automatisierung

- Zu viel Automatisierung kann unpersönlich wirken und potenzielle Kunden abschrecken. Insbesondere:
- Unpersönliche Massenansprachen ohne individuellen Bezug.
- Übermäßige Automatisierung ohne menschliche Interaktion.
- Fehlende Anpassung an individuelle Bedürfnisse.

3. Bedeutung der persönlichen Ansprache

Eine persönliche Ansprache hebt sich von standardisierten Nachrichten ab und schafft Vertrauen. Zu empfehlen sind:

- Individualisierte Mitteilungen, die direkt mit der Person oder dem Unternehmen in Verbindung stehen.
- Direkte Interaktion durch Kommentare, Likes und persönliche DMs.
- Authentische Kommunikation ohne Verkaufsabsicht in der Anbahnungsphase.

4. Die optimale Kombination

Eine effektive Social-Selling-Strategie kombiniert Halbautomatisierung mit persönlichen Interaktionen:

- Automatisierung für erste Kontaktaufnahme und Follow-ups mit Textschablonen.
- Verkaufsprozesse, die von Bedeutung sind, werden immer mit einer persönlichen Ansprache versehen
- KI-Tools können helfen, ersetzen aber nicht die echte Interaktion.

Die Kombination von LinkedIn mit CRM-Systemen und anderen Vertriebskanälen ermöglicht eine optimierte Kundenansprache und eine effizientere Lead-Generierung. Unternehmen, die LinkedIn als Bestandteil einer Omnichannel-Strategie nutzen, profitieren von einer verbesserten Nachverfolgbarkeit, einer gesteigerten Effizienz und höheren Abschlussraten. Die richtige Mischung aus Automatisierung und persönlicher Ansprache ist wichtig, um die Kundenbeziehung optimal zu gestalten.

33. PROZESSOPTIMIERUNG UND -SKALIERUNG

Für einen effizienten Vertriebsprozess sind skalierbare Strategien und kontinuierliche Prozessoptimierung unerlässlich. Durch die richtige Kombination aus Automatisierung, gezieltem Ressourceneinsatz und systematischer Analyse lassen sich Vertriebsergebnisse maximieren.

1. Standardisierung von Vertriebsabläufen

Im Vertrieb ist die Skalierung an die Standardisierung wiederkehrender Prozesse geknüpft. Klare Strukturen ermöglichen eine gesteigerte Effizienz sowie eine minimale Fehlerquote.

Praxis:

Entwickeln Sie standardisierte Nachrichten und Outreach-Prozesse.
Automatisierte Workflows für Lead-Qualifizierung und Follow-ups.
Einheitliche Prozesse zur Verwaltung und Pflege von Kundendaten.

2. Nutzung von Automatisierungstools

Automatisierung kann dabei helfen, Zeit für wiederkehrende Aufgaben zu sparen und sich auf wertschöpfende Interaktionen zu konzentrieren.

Effektive Einsatzbereiche:

- Automatisierte Lead-Erfassung aus LinkedIn-Profilen ins CRM.
- Nutzung von Chatbots für die Erstqualifizierung von Kontakten.
- E-Mail- und LinkedIn-Sequenzen für systematisches Follow-up.

3. Performance-Analyse und kontinuierliche Verbesserung

Eine datengesteuerte Analyse der Vertriebsaktivitäten ist entscheidend, um Prozesse zu optimieren und zu skalieren.

Wichtige Kennzahlen:

- Antwortraten auf LinkedIn-Nachrichten und E-Mails.
- Erfolgsquoten von Outreach-Kampagnen.
- Abschlussraten entlang der Sales-Funnel-Stufen.
- Regelmäßige Optimierungen anhand dieser Kennzahlen ermöglichen eine gezielte Anpassung der Strategien.

4. Skalierung durch Teamarbeit

Effektive Vertriebsstrategien setzen auf Teamwork und koordinierte Zusammenarbeit zwischen Marketing und Vertrieb.

Handlungsempfehlungen:

- Schulungen und Playbooks für einheitliche Vertriebsansätze.
- Regelmäßige konstruktive Meetings zwischen Vertrieb und Marketing.
- Nutzung gemeinsamer Plattformen zur Synchronisation von Aktivitäten.

Die Kombination aus Automatisierung, Prozessoptimierung und datengesteuerter Anpassung ermöglicht eine effiziente Skalierung von Vertriebsprozessen. Dies führt zu einer höheren Lead-Generierung, einer verbesserten Nachverfolgbarkeit und einer gesteigerten Abschlussquote. Durch eine kontinuierliche Analyse und Anpassung der Prozesse wird sichergestellt, dass der Vertrieb stets auf dem aktuellen Stand bleibt und auf lange Sicht erfolgreich agiert.

34. ERFOLGSMESSUNG DURCH KENNZAHLEN

Die kontinuierliche Analyse und Optimierung von Vertriebsprozessen mit Hilfe von Kennzahlen, auch als KPIs (Key Performance Indicators) bezeichnet, ermöglicht die Erfassung von Misserfolgen und die Dokumentation von nachhaltigem Erfolg.

Erst die Analyse von Misserfolgen erlaubt eine darauf aufbauende Erzielung späterer Großerfolge. Mittels zielgerichteter Analysen und kontinuierlicher Verbesserungen lassen sich Konversionsraten steigern und Ressourcen effizient nutzen.

1. Relevante KPIs zur Erfolgsmessung

Für eine erfolgreiche Bewertung des Erfolgs von Vertriebs- und Lead-Generierungsmaßnahmen ist die Definition geeigneter Leistungskennzahlen (KPIs) erforderlich.

Wichtige Kennzahlen:

- Antwortraten auf LinkedIn-Nachrichten und E-Mails
- Lead-zu-Kunde-Conversion-Rate zur Bewertung der Abschlussquote
- Verweildauer auf Landingpages als Indikator für Interesse
- Engagement-Raten auf LinkedIn-Posts zur Messung der Interaktionsqualität

2. Datengetriebene Optimierung

Die Analyse von Vertriebsdaten hilft, Schwachstellen zu identifizieren und Prozesse zu verbessern.

Optimierungsmöglichkeiten:

- Stetige Tests für Outreach-Nachrichten und E-Mail-Betreffzeilen durchführen

- Analyse erfolgreicher Gespräche zur Identifikation von einsetzbaren Methoden
- Anpassung von Inhalten basierend auf den Engagement-Daten

3. Nutzung von Feedback

Direktes Feedback von Interessenten und Kunden ist eine wertvolle Informationsquelle für Optimierungsmaßnahmen.

Methoden zur Feedback-Gewinnung:

- Kurze Umfragen nach Gesprächen oder E-Mail-Interaktionen
- Analyse und Dokumentation der häufigsten Fragen und Einwände
- Feedback-Meetings zwischen Vertrieb und Marketing zur kontinuierlichen Abstimmung

4. Monitoring & Reporting

Regelmäßige Berichte über die Vertriebsaktivitäten sind ein wesentlicher Faktor, um Trends frühzeitig zu erkennen und die Strategien flexibel anzupassen. Das Führungsteam sollte eine sorgfältige Analyse der Berichte durchführen, um konstruktive Verbesserungen zu erarbeiten.

Reporting in der Praxis:

- Wöchentliche oder monatliche Analyse-Meetings
- Nutzung von Dashboards für eine visuelle Darstellung der KPIs
- Automatisierte Reports zur regelmäßigen Performance-Überprüfung

Eine nachhaltige Vertriebsstrategie zeichnet sich durch eine strategische Erfolgsmessung und kontinuierliche Optimierung aus. Unternehmen, die datengetriebene Entscheidungen treffen und flexibel auf Veränderungen reagieren, können ihre Erfolgsquote maximieren und ihre Rentabilität langfristig steigern.

35. KPI-TRACKING: WELCHE ZAHLEN WIRKLICH ZÄHLEN

Ein KPI-Tracking hilft Unternehmen, den Erfolg ihrer Vertriebs- und Marketingstrategien zu bewerten. Wichtig ist, die richtigen Kennzahlen zu wählen, die den Geschäftserfolg beeinflussen.

1. Wichtige Kennzahlen für die Erzeugung von Leads

Man kann die Leistung von Maßnahmen zur Kundengewinnung anhand bestimmter Messgrößen ermitteln.

Anzahl generierter Leads: Die Zahl der neuen Kontakte, die durch Marketing- oder Vertriebsmaßnahmen gewonnen wurden.

Qualifizierte Leads (SQL/MQL): Leads, die wahrscheinlich kaufen werden.
Die Lead-zu-Kunde-Conversion-Rate ist der Prozentsatz der Leads, die Kunden werden.

Kosten pro Lead (CPL): Die durchschnittlichen Kosten zur Generierung eines einzelnen Leads.

2. Wichtige KPIs für das Social Selling

Social Selling ist eine wunderbare Methode, um mit potenziellen Kunden in Kontakt zu treten. Das geschieht über Plattformen wie LinkedIn. Es gibt ein paar wichtige Kennzahlen, die uns zeigen, wie erfolgreich wir sind:

Engagement-Rate: Die Interaktion mit Inhalten (Likes, Kommentare, Shares).

Antwortrate auf Direktnachrichten: Anzahl der Antworten im Verhältnis zur Anzahl der gesendeten Nachrichten.

Wachstumsrate des Netzwerks: Anzahl neuer relevanter Verbindungen in einer bestimmten Zeit.

3. Vertriebsbezogene KPIs

Für die Analyse des Vertriebsprozesses braucht man bestimmte Messzahlen:

Sales Cycle Length: Durchschnittliche Zeit von der ersten Kontaktaufnahme bis zum Geschäftsabschluss.

Win Rate: Prozentsatz der abgeschlossenen Deals im Verhältnis zu allen Verkaufschancen.

Durchschnittlicher Auftragswert (AOV): Durchschnittlicher Wert eines abgeschlossenen Geschäfts.

4. Optimierung durch KPI-Analyse

Ein datengetriebenes KPI-Tracking hilft, Verbesserungsmöglichkeiten zu erkennen und Strategien anzupassen:

- Identifikation ineffizienter Kanäle durch Kosten-Nutzen-Analyse.
- Wir testen verschiedene Vorgehensweisen, um unsere Outreach-Strategien zu verbessern.
- Die Regeln zur Lead-Qualifizierung werden ständig angepasst.

Wenn man die richtigen Kennzahlen im Blick hat, kann man bessere Entscheidungen treffen und den Prozess immer weiter verbessern. Firmen, die regelmäßig überprüfen, wie gut der Vertrieb und das Marketing funktionieren, können Probleme früh erkennen und die Leistung permanent steigern.

36. NACHHALTIGER ERFOLG DURCH LANGFRISTIGE STRATEGIEN

Wenn Unternehmen erfolgreich Kunden gewinnen und diese auch halten wollen, müssen sie nicht nur kurzfristig denken, sondern langfristig planen.

Aufbau von dauerhaften Beziehungen

Nachhaltiger Vertrieb bedeutet, langfristige Beziehungen zu potenziellen und bestehenden Kunden aufzubauen. Regelmäßige Interaktion mit Kontakten über LinkedIn, E-Mail und andere Kanäle trägt dazu bei. Stellen Sie wertvolle Inhalte bereit, um als verlässliche Informationsquelle wahrgenommen zu werden. Betreiben Sie nachhaltiges Networking, um Vertrauen und Glaubwürdigkeit zu stärken.

Einheitlicher Markenauftritt

Ein starkes Markenimage ist für den langfristigen Vertrieb von entscheidender Bedeutung, da es Vertrauen schafft und somit die Grundlage für erfolgreiche Geschäftsbeziehungen bildet. Um dies zu erreichen, ist es unerlässlich, konsistente Kommunikation über verschiedene Plattformen hinwegzuführen.

Die Erstellung einer strategischen Positionierung als Experte in Ihrer Branche sowie in den relevanten Zielbranchen ist dabei von großer Bedeutung. Ein weiterer wichtiger Faktor ist die Etablierung einer klaren Corporate Identity, um einen permanenten Wiedererkennungswert zu schaffen und somit eine starke Präsenz im Markt zu etablieren.

Automatisierung mit Bedacht nutzen

Automatisierung kann Prozesse optimieren und beschleunigen, sollte jedoch nicht die persönliche Interaktion ersetzen. Nutzen Sie gezielt Automatisierung für wiederkehrende Aufgaben wie Follow-ups und Texterstellung.

Passen Sie Ihre Nachrichten individuell an, um wirklich persönliche und nachhaltige Beziehungen zu pflegen. Setzen Sie die Technologie unterstützend ein, ohne dabei die menschliche Komponente zu vernachlässigen.

Nachhaltige Lead-Pflege

Nicht jeder Lead wird sofort zum Kunden. Eine kontinuierliche Pflege der Leads ist daher Pflicht. Um dies zu erreichen, sollten Lead-Nurturing-Programme eingesetzt werden, um den Kontakt auf kontinuierlicher Basis zu pflegen. Betreiben Sie aktiv Content-Marketing, um aus Leads Kunden zu machen. Es ist ebenfalls wichtig, die Customer Journey der Kunden regelmäßig zu analysieren, um Optimierungspotenziale zu identifizieren.

Flexibel bleiben und regelmäßig optimieren

Langfristiger Erfolg erfordert die Bereitschaft zur Anpassung und Verbesserung. Regelmäßige Erfolgskontrollen anhand relevanter KPIs identifizieren Schwachstellen und ermöglichen eine dynamische Anpassung der Strategie an Marktveränderungen. Fortlaufende Weiterbildung im Vertrieb und Social Selling unterstützt Ihre geplanten Maßnahmen.

Eine auf lange Sicht angelegte Strategie sichert nachhaltigen Erfolg in der Lead-Generierung und im Vertrieb. Unternehmen, die kontinuierlich in Beziehungen, Markenaufbau und strategische Optimierung investieren, profitieren von stabileren Geschäftsbeziehungen und höheren Abschlussraten.

37. CONTENT-THEMEN FÜR VERTRIEBLER

Bisher ging es im Buch darum, wie Sie durch gezielte LinkedIn-Aktivitäten proaktiv mit Ihrer Zielgruppe in Kontakt treten, um Verkaufschancen zu erstellen. Jetzt geht es um die Inbound-Leadgenerierung – also darum, durch strategische Inhalte potenzielle Kunden auf Sie und Ihr Unternehmen aufmerksam zu machen.

Wenn Sie auf LinkedIn keine Inhalte veröffentlichen, sind Sie unsichtbar. Hochwertige Inhalte positionieren Sie als Experten, stärken Ihre Marke und bauen Vertrauen in Ihre Zielgruppe auf. Gute Inhalte motivieren Interessenten, sich bei Ihnen zu melden.

Nicht nur Quantität ist wichtig. Der Content muss Ihre Zielgruppe ansprechen und mit ihr aktiv kommunizieren. Seien Sie authentisch – ein ehrlicher und nahbarer Auftritt ist entscheidend.

Das Engagement bestimmt die Reichweite.

Der LinkedIn-Algorithmus bevorzugt Beiträge mit viel Interaktion – vor allem in den ersten zwei Stunden nach der Veröffentlichung. Likes, Kommentare und geteilte Inhalte sorgen dafür, dass dein Beitrag mehr Menschen angezeigt wird. Besonders wertvoll sind Kommentare mit mindestens 20 Wörtern, da sie als stärkere Interaktion gewertet werden.

LinkedIn bevorzugt eigene Inhalte und bestraft:

- Geteilte Beiträge anderer (bringen weniger Reichweite)
- Geplante Beiträge über externe Tools (führt zu weniger Sichtbarkeit)
- Externe Links im Beitragstext (besser in die Kommentare setzen)

Außerdem ist Social Selling keine Werbeschleuder: Reine Werbebotschaften ohne Mehrwert funktionieren nicht. Menschen kaufen lieber von Personen, die sie inspirieren, anstatt von denen, die ihnen plump etwas verkaufen wollen.

Messbarkeit & Analyse

LinkedIn bietet inzwischen gute Analysetools, mit denen Sie verfolgen können, welche Beiträge besonders gut ankommen. Beobachten Sie Kennzahlen wie Impressionen und Engagement-Raten, um zu sehen, welche Themen in Ihrer Zielgruppe besonders erfolgreich sind.

Content-Ideen für Vertriebsmitarbeiter

Hier finden Sie einige Content-Formate, die Sie für Ihre LinkedIn-Strategie nutzen können.

Bildungstipps und Informationen

Teilen Sie Ihr Wissen in Ihrer Zielgruppe und geben Sie wertvolle Ratschläge. Wenn Sie zeigen, dass Sie ein Experte in Ihrem Gebiet sind, gewinnen Sie Vertrauen. Mit Plattformen wie "Answer the Public" können Sie relevante Anliegen Ihrer Zielgruppe aufspüren.

Dankbarkeit-Posts

Bedanken Sie sich in LinkedIn bei Kunden, Partnern oder Kollegen. Taggen (@) Sie die Personen, um sie in Ihrem Netzwerk sichtbar zu machen.

Schreiben Sie über Ihren Alltag.

Berichten Sie von Besprechungen, Projekten oder Erfolgen. Zeigen Sie, was Sie den ganzen Tag tun – das schafft Vertrauen und Social Proof.

Erfolge teilen

Kundenprojekte, abgeschlossene Deals oder besondere Leistungen – sprechen Sie über Ihre Erfolge und die Ihres Teams.

Kundenstimmen & Bewertungen

Teilen Sie positive Rezensionen, Danksagungen oder Testimonials. Screenshots von Google- oder LinkedIn-Bewertungen eignen sich hervorragend.

Neuigkeiten teilen

Für Vertriebler ist dieses Thema besonders einfach. Welche Neuerungen gibt es in Ihrer Branche, Ihrem Unternehmen, Ihrem Team, Ihren Produkten oder Dienstleistungen? Teilen Sie aktuelle Entwicklungen, um zu zeigen, dass Sie aktiv sind.

Mögliche Inhalte:

- Neue Mitglieder im Team vorstellen
- Strategische Partnerschaften oder Koalitionen bekannt geben
- Auszeichnungen und Preise teilen
- Ankündigen, wenn Sie an einer Messe oder Konferenz teilnehmen
- Jobwechsel oder Beförderungen mitteilen

Das Ganze sollte nicht als Verkaufsbotschaft wirken. Wenn Sie gute Beiträge erstellen, reagieren die Leute auf LinkedIn mit Kommentaren oder Likes.

Fragen stellen

Fragen in LinkedIn-Beiträgen erzeugen Interaktion, wie zum Beispiel: „Wie findet ihr das neue Produkt? Würdet ihr gerne auf xy umsteigen?" Fragen sorgen für mehr Aufmerksamkeit und Engagement.

Lernprozesse teilen

Berichten Sie über Fähigkeiten, die Sie in der Geschäftswelt oder Ihrer Karriere gelernt haben. Beispiele:

Die Zusammenfassung über ein Seminar, das Sie besucht haben
Ein Buch oder Podcast, das Sie inspiriert hat

Wenn Sie solche Erfahrungen teilen, liefern Sie wertvolle Inhalte für Ihr Netzwerk.

Persönliche Inhalte auf LinkedIn?

Viele fragen sich, ob persönliche Posts auf LinkedIn passen. Ja – wenn Sie eine Verbindung zu Business oder Unternehmertum herstellst.

Soziales Engagement

Wenn Sie oder Ihr Unternehmen sich ehrenamtlich engagieren, an gemeinnützigen Projekten beteiligen oder wohltätige Organisationen unterstützen, sollten Sie das auf LinkedIn teilen – sowohl auf Ihrer Unternehmensseite als auch auf Ihrem persönlichen Profil. Damit steigern Sie nicht Ihre eigene Sichtbarkeit, sondern helfen auch der Organisation, die Sie unterstützen, mehr Aufmerksamkeit zu bekommen.

Unternehmenskultur

Gerade wenn Ihr Unternehmen wächst und neue Mitarbeiter gewinnen möchte, ist es eine gute Strategie, Einblicke in die Unternehmenskultur zu geben. Teilen Sie, wie es ist, in Ihrem Unternehmen zu arbeiten, welche Werte die Mitarbeiter ausmachen und wer die Menschen hinter der Firma sind. Diese Inhalte können Sie sowohl auf Ihrer Unternehmensseite als auch auf Ihrem persönlichen Profil veröffentlichen, um potenzielle neue Mitarbeiter anzusprechen.

Auf aktuelle Trends aufspringen

Nutzen Sie aktuelle Themen, die gerade im Gespräch sind, für Ihre Inhalte. Auf der LinkedIn-Startseite können Sie sehen, welche Themen im Trend liegen. Beiträge, die sich darauf beziehen, haben eine höhere Chance, von LinkedIn bevorzugt ausgespielt zu werden. Falls es kein überregionales Thema gibt, können Sie auch branchenspezifische Neuigkeiten aufgreifen und Ihre Meinung dazu teilen.

Recruiting – Mit LinkedIn die richtigen Leute finden

Wenn Sie Stellen in Ihrem Unternehmen besetzen möchten, sollten Sie dies aktiv auf LinkedIn kommunizieren. Beiträge zu offenen Positionen helfen, die Reichweite Ihres Netzwerks zu nutzen und gezielt Bewerber anzusprechen. Ihr Netzwerk kann Ihnen helfen, passende Talente zu finden, indem Sie Stellenausschreibungen teilen oder potenzielle Kandidaten markieren.

Dialog – Expertise zeigen durch echte Gespräche

Diese Strategie eignet sich besonders für Vertriebler: Teilen Sie echte Gespräche, die Sie mit Kunden oder Interessenten geführt haben – sei es eine Frage aus einem Meeting oder eine typische Diskussion, die in den Köpfen Ihrer Kunden stattfindet. Solche Beiträge helfen Ihnen, Ihre Expertise zu zeigen, Einwände zu entkräften und die Probleme Ihrer Zielkunden anzusprechen.

Hilfe anfordern – Ihr Netzwerk um Rat fragen

Das LinkedIn-Netzwerk ist voll von Experten, die sich gegenseitig unterstützen. Wenn Sie vor einer Herausforderung stehen, können Sie einen Beitrag verfassen und gezielt um Hilfe bitten. Fordern Sie Ihre Kontakte auf, Empfehlungen oder Ideen in den Kommentaren zu teilen. Ein solcher Beitrag kann eine hohe Reichweite bekommen – seien Sie aber darauf vorbereitet, viele Antworten zu erhalten und schauen Sie besonders auf die Namen, die mehrfach genannt werden.

Zusammenfassung

Planen Sie Ihre nächsten Beiträge – Wählen Sie einige der oben genannten Themen aus und erstellen Sie Inhalte dazu. Setzen Sie sich eine realistische Posting-Frequenz – Optimal wären drei Beiträge pro Woche, aber finden Sie eine Frequenz, die Sie langfristig halten können. Erstellen Sie lehrreiche Inhalte – teilen Sie Tipps, beantworten Sie häufige Fragen Ihrer Zielgruppe und liefern Sie echten Mehrwert. Nutzen Sie Ihren Kalender als Inspiration – Jede Kundenanfrage oder ein Gespräch aus den letzten Tagen oder Wochen kann eine gute Story für LinkedIn sein.

Recherchiere aktuelle Fragen aus Ihrer Branche – Nutzen Sie Google, um heraus-zufinden, welche Fragen potenzielle Kunden beschäftigen, und erstellen Sie darauf basierend Inhalte.

Das war eine kompakte Übersicht über einige Content-Ideen für Vertriebler.

38. BEITRAGSFORMATE FÜR VERTRIEBLER

In diesem Kapitel werden die verschiedenen Beitragsformate auf LinkedIn vorgestellt, die für den Vertrieb genutzt werden können. Zunächst wurden die inhaltlichen Themen besprochen, jetzt geht es nun um die konkrete Umsetzung.

LinkedIn bietet verschiedene Beitragsformate an, von denen nicht alle für den Vertrieb relevant sind. Im Folgenden finden Sie einen Überblick:

- Text-Beitrag
- Bild- oder Foto-Beitrag
- Dokumenten-Beitrag (PDF, PPT)
- Video-Beitrag
- LinkedIn Live
- LinkedIn-Umfrage
- LinkedIn-Event
- LinkedIn-Artikel
- LinkedIn-Newsletter
- LinkedIn-Audio-Event
- Anerkennung geben (Kudos)
- Stellenausschreibung teilen
- Meilensteine und Erfolge feiern
- Karussell-Post (mehrere Bilder oder Folien)
- Beiträge mit Vorlagen

Wir werden uns auf die Formate konzentrieren, die für den Aufbau einer starken Personenmarke im Vertrieb besonders geeignet sind.

Welche Bedeutung haben Beitragsformate?

Der LinkedIn-Algorithmus bewertet Beiträge nach ihrer Verweildauer. Die Verweildauer ist ein wichtiger Faktor, um mehr Menschen zu erreichen. Längere Texte und interaktive Inhalte fördern die Verweildauer und sorgen für eine bessere Reichweite.

Text-Beiträge: Kurz oder Lang?

Wenn Sie auf LinkedIn posten, sind nur die ersten drei Zeilen sichtbar. Danach erscheint ein "Mehr anzeigen"-Button. Kurze Beiträge sind auf drei Zeilen begrenzt, während lange Beiträge den Button aktivieren und mehr Klicks generieren.

Mehr Klicks bedeuten mehr Sichtbarkeit. LinkedIn bevorzugt lange Beiträge, da sie die Verweildauer erhöhen. Wenn man nicht viel Zeit hat, kann man kurze Beiträge schreiben. Aber sie bringen meistens weniger Reichweite. Bei Fotos und Videos sollte der Textteil möglichst umfangreich sein.

Bild- und Foto-Beiträge

Visuelle Inhalte funktionieren besonders gut, da 90 % der LinkedIn-Nutzer visuelle Kommunikation bevorzugen. Bilder können aus eigenen Fotos oder lizenzfreien Plattformen wie Pixabay, Pexels oder Unsplash stammen. Wichtig: Keine Bilder aus Google verwenden, um Urheberrechtsverletzungen zu vermeiden.

Optimal sind ungerade Anzahlen an Bildern (1, 3 oder 5), da diese auf Mobilgeräten und in der Desktop-Ansicht am besten dargestellt werden. Posts mit 8 Bildern funktionieren ebenfalls gut, weil Nutzer klicken, um alle Bilder zu sehen – was die Verweildauer erhöht.

Man sollte mindestens 2 Bilder pro Woche posten. Am besten zu Themen, die man selbst erlebt hat oder über Dinge, die man erreicht hat.

Dokumenten-Beiträge (PDF, PPT)

Ein äußerst wirksames, aber wenig genutztes Format! Hier können Sie PDF- oder PowerPoint-Dokumente hochladen, die LinkedIn als Karussell darstellt. Diese Beiträge generieren oft 3-5 Mal mehr Reichweite als normale Posts, weil Nutzer durch die Seiten klicken – was die Verweildauer erhöht.

Mögliche Inhalte:

- Case Studies
- Whitepapers
- Checklisten
- Mini-Präsentationen

Optimal sind 6-12 Seiten mit einfachen, visuell ansprechenden Inhalten. Am Ende des Dokuments sollte ein Call-to-Action oder eine Frage stehen, um die Interaktion zu fördern.

Video-Beiträge

Video ist eines der effektivsten Formate auf LinkedIn, aber nur 4 % der Nutzer setzen es ein – eine riesige Chance! Videos sind besonders für Mobile-Nutzer relevant und sollten deshalb mit Untertiteln versehen werden, da 85 % der LinkedIn-Nutzer Videos ohne Ton ansehen.

- Tools zur Untertitelung:
- Rev.com (kostenpflichtig, hohe Genauigkeit)
- Kapwing.com oder iMovie (zum selbst Erstellen)
- Apple Clips oder AutoCap (Mobile-Apps für automatische Untertitel)
- Empfehlung: Nutzen Sie Videos für persönliche Nachrichten und kurze Erklärungen.

Umfragen

Umfragen sind überaus beliebt. Nutzer interagieren gerne, und der LinkedIn-Algorithmus belohnt das mit hoher Reichweite. Die Vorteile:

- Schnell und einfach zu erstellen
- Antworten liefern Inspirationen für weitere Inhalte
- Reichweite erstreckt sich oft bis in die 2. und 3. Kontaktebene
- Interaktion trainiert den Algorithmus, zukünftige Beiträge bevorzugt auszuspielen
- Empfehlung: Alle 2 Wochen eine Umfrage posten, um die Sichtbarkeit zu erhöhen.

Events

Events können ein starker Lead-Generator sein. Ein Beispiel: Ein monatliches, 90-minütiges Online-Event, das über LinkedIn beworben wird. Strategien zur Reichweitensteigerung:

- Event 2 Wochen vorher ankündigen
- Zoom-Registrierungslink einbinden
- Event in der eigenen Profilbeschreibung verlinken
- Wöchentliche Einladungen an relevante Kontakte

Hashtags & Tagging

Hashtags erhöhen die Auffindbarkeit Ihrer Posts. Optimal sind 3-5 Hashtags pro Post.

Hashtags recherchieren:

- LinkedIn-Suchleiste nutzen
- Instagram und Twitter nach aktuellen Hashtags durchsuchen
- Hashtags aus populären Beiträgen Ihrer Branche analysieren

Setzen Sie gezielt Tagging ein. Das Verlinken von Personen kann die Reichweite erhöhen, sollte aber nur gezielt eingesetzt werden. Keine willkürlichen Markierungen, sondern nur bei echter Beteiligung (z. B. gemeinsame Events, Erwähnungen in Beiträgen).

Fazit & Aufgaben

Interagieren Sie mit Kommentaren unter Beiträgen (mindestens 20 Wörter pro Antwort). Nutzen Sie verschiedene Beitragsarten, um Abwechslung in Ihre Posts zu bringen. Testen Sie die Beitragsformate, die Sie vorher nicht genutzt haben. Setzen Sie Hashtags ein und taggen Sie Personen, um mehr Reichweite zu erzielen.

In vielen Unternehmen knirscht es zwischen Marketing und Vertrieb. Das Marketing beschwert sich, dass niemand die mühevoll erstellten LinkedIn-Beiträge teilt. Der Vertrieb hingegen murrt über unbrauchbare Leads. Diese Spannungen sind mehr als nur lästig – sie sabotieren den Erfolg Ihres Unternehmens auf LinkedIn.

Dabei könnte es so einfach sein. Social Selling funktioniert nur dann richtig gut, wenn beide Abteilungen an einem Strang ziehen. Deshalb ist es unverzichtbar, dass Marketing-Teams nicht nur bei der Strategieentwicklung dabei sind, sondern auch an den Social-Selling-Schulungen teilnehmen. Nur so verstehen sie wirklich, was der Vertrieb benötigt.

Das Marketing kümmert sich um die Unternehmensseite, schaltet Anzeigen und erstellt Inhalte – so weit, so klar. Doch seine Rolle geht viel tiefer. Ein gut aufgestelltes Marketing sorgt für ein einheitliches Markenbild auf LinkedIn. Das bedeutet nicht nur, dass alle Profile professionell aussehen sollten, sondern auch, dass Header-Bilder und Unternehmensbeschreibungen aufeinander abgestimmt sind.

Wussten Sie, dass persönliche Profile von Mitarbeitern eine zehnmal höhere Reichweite erzielen als die Unternehmensseite? Wenn Ihr Unternehmen 50 Mitarbeiter hat und jeder nur 200 Kontakte – das sind zusammen 10.000 potenzielle Kontakte. Ihre Unternehmensseite hat vermutlich deutlich weniger Follower.

Stellen Sie sich vor, Ihr Vertriebsteam hätte immer die richtigen Inhalte zur Hand, ohne lange suchen zu müssen. Genau das kann Marketing ermöglichen:

Schaffen Sie eine Content-Schatzkiste mit fertigen Beiträgen, Videos und Erfolgsgeschichten, auf die der Vertrieb jederzeit zugreifen kann. So spart Ihr Vertriebsteam wertvolle Zeit und kann trotzdem regelmäßig posten.

Nutzen Sie die Macht der Interaktion. Wenn ein Vertriebsmitarbeiter einen guten Beitrag veröffentlicht, sollte die Unternehmensseite diesen liken und kommentieren. Besonders gelungene Posts können Sie sogar auf der Unternehmensseite hervorheben. Das steigert nicht nur die Reichweite, sondern motiviert auch zur weiteren Teilnahme.

Machen Sie Social Media zum Spiel. Kleine Wettbewerbe wie „Wer erreicht die meisten Aufrufe?" oder „Wer gewinnt die meisten Follower für unsere Unternehmensseite?" können wahre Wunder wirken. Menschen lieben den freundschaftlichen Wettbewerb.

LinkedIn-Unternehmensseite: Mehr als nur ein digitales Aushängeschild

Eine starke Unternehmensseite ist wie ein gut gestaltetes Schaufenster – sie zieht Menschen an und macht neugierig. Sie hilft nicht nur bei der Talentsuche, sondern stärkt auch Ihre Marke und macht Ihre Produkte sichtbarer.

Doch was gehört auf diese Seite? Natürlich Unternehmensupdates, aber auch: Geschichten von echten Menschen: Interviews mit Mitarbeitern zeigen, dass hinter Ihrem Unternehmen Menschen stecken.

Blicke hinter die Kulissen: Zeigen Sie, wie Ihr Team arbeitet oder feiern Sie gemeinsame Erfolge. Das macht Ihr Unternehmen menschlicher und authentischer.

Kundenerfolge: Nichts überzeugt mehr als zufriedene Kunden, die von ihren positiven Erfahrungen berichten.

So wird Ihre Unternehmensseite zum Magneten

Um das volle Potenzial Ihrer LinkedIn-Seite auszuschöpfen, sollten Sie ein paar Dinge beachten:

Behalten Sie Ihr Follower-Wachstum im Auge – nicht nur für die Unternehmensseite, sondern auch die Gesamtreichweite aller Mitarbeiter.

Nutzen Sie LinkedIn Content Suggestion, um herauszufinden, welche Themen Ihre Zielgruppe gerade bewegen.

Binden Sie Ihre Mitarbeiter aktiv ein. Teilen Sie deren Beiträge und ermutigen Sie sie, die Unternehmensseite in ihren eigenen Netzwerken zu empfehlen. Vergessen Sie nicht die 250 monatlichen Einladungen, die LinkedIn Ihnen zur Verfügung stellt. Damit können Sie gezielt Kontakte einladen, Ihrer Seite zu folgen.

Eine vollständig ausgefüllte Seite mit ansprechendem Titelbild, aussagekräftiger Beschreibung und passenden Keywords sorgt für bessere Sichtbarkeit. Denken Sie auch daran, Einblicke in Ihre Unternehmenskultur zu geben – Themen wie Work-Life-Balance oder Nachhaltigkeit interessieren potenzielle Bewerber besonders.

Das Wichtigste auf einen Blick

Social Selling ist Teamarbeit. Wenn Marketing und Vertrieb an einem Strang ziehen, können sie gemeinsam eine beeindruckende Reichweite aufbauen. Die Unternehmensseite ist dabei wichtig, aber die wahre Kraft liegt in den persönlichen Profilen Ihrer Mitarbeiter.

Sorgen Sie dafür, dass Marketing und Vertrieb eine gemeinsame Vision entwickeln. Berechnen Sie das Potenzial Ihrer Gesamtreichweite. Halten Sie Ihre Unternehmensseite aktuell und versorgen Sie Ihr Vertriebsteam mit hochwertigen Inhalten. Und vor allem: Motivieren Sie Ihre Mitarbeiter, aktiv zu werden. Denn auf LinkedIn zählt nicht nur, was Ihr Unternehmen sagt – sondern was Ihre Mitarbeiter darüber erzählen.

40. ERFOLGSROUTINEN

Nachhaltiger Erfolg auf LinkedIn basiert nicht auf Einzelaktionen, sondern auf Beständigkeit. Ihr LinkedIn-Wirkungsgrad (gemessen am SSI) unterliegt Schwankungen – er kann rasch ansteigen und ebenso schnell wieder abfallen. Die Plattform funktioniert wie ein Trainingsprogramm: Nur kontinuierliche Aktivität mit strukturiertem Vorgehen führt zu messbaren Ergebnissen.

Dies bedeutet eine tägliche Präsenz – unabhängig von spontaner Motivation. Professionelles Networking auf LinkedIn erfordert regelmäßige Interaktionen, strategischen Beziehungsaufbau und durchdachte Inhalte. Instant-Ergebnisse sind die Ausnahme. Typischerweise vergehen 3-6 Monate, bis sich nachweisbare Resultate einstellen.

Der Aufbau Ihrer persönlichen Markenidentität ist ein Prozess, der Zeit benötigt. Wahrnehmbarkeit und Expertise entwickeln sich nicht über Nacht, sondern durch konstante Präsenz und Mehrwert. Gleichzeitig muss Ihr Netzwerk systematisch wachsen, bevor Kontaktanfragen und Nachrichten regelmäßig Resonanz finden.

Die gute Nachricht: Mit etablierten Tages-, Wochen- und Monatsroutinen werden Sie merkliche Fortschritte erzielen.

Beginnen Sie Ihren Tag mit einem kurzen Plattform-Check – egal ob am Desktop oder über die Mobile App. Nehmen Sie sich 2-5 Minuten für das Nachrichtenmanagement, um Ihren Eingang zu sichten und wichtige Nachrichten zu beantworten. Diese Reaktionsgeschwindigkeit wird von Kontakten positiv wahrgenommen.

Veröffentlichen Sie anschließend einen eigenen Beitrag entsprechend Ihrer Content-Strategie. Das positioniert Sie als aktives Mitglied der Community und sorgt für kontinuierliche Sichtbarkeit. Investieren Sie dann 1-3 Minuten in Netzwerk-Engagement, bei dem Sie auf Beiträge reagieren, kommentieren oder weiterreichende Diskussionen initiieren.

Schließen Sie Ihre tägliche Routine mit Netzwerkerweiterung ab – identifizieren Sie etwa 10 potenzielle Geschäftskontakte und senden Sie ihnen personalisierte Verbindungsanfragen. Diese täglichen Aktivitäten fördern einen kontinuierlichen Anstieg Ihres LinkedIn-Wirkungsgrads.

Wöchentliche Aktivitäten (Zeitinvestition: ca. 30 Minuten)

Einmal pro Woche sollten Sie Ihre LinkedIn-Strategie vertiefen. Beginnen Sie mit Networking-Wertschätzung, indem Sie eine Empfehlung für einen Kontakt verfassen. Dies stärkt nicht nur die Beziehung, sondern signalisiert dem Algorithmus positive Interaktionen.

Nehmen Sie sich Zeit und verfolgen Sie die Entwicklung Ihres SSI. Diese Daten geben Ihnen wertvolle Einblicke, welche Ihrer Aktivitäten besonders effektiv sind. Widmen Sie dann etwa 15 Minuten der Kontaktpflege – senden Sie neuen Verbindungen eine durchdachte Folgenachricht, die ihnen echten Mehrwert bietet.

Die Akzeptanzrate zeigt Ihnen, wie gut Ihre Kontaktanfragen ankommen. Streben Sie einen Zielkorridor von 50-70% an. Liegt Ihre Rate darunter, sollten Sie Ihre Anfragen persönlicher gestalten. Vervollständigen Sie Ihre Wochenroutine mit einer Überprüfung Ihrer Qualifizierungsnachrichten – eine Antwortquote von 3-8%

ist ein guter Richtwert. Diese Aufgaben optimieren Ihre Algorithmus-Relevanz und ermöglichen eine kontinuierliche Erfolgsmessung.

Monatliche Strategiearbeit (Zeitinvestition: 1-2 Stunden)

Monatlich sollten Sie tiefer in die Analyse gehen und strategische Anpassungen vornehmen. Beginnen Sie mit einer Netzwerk-Sicherung durch den Export Ihrer Kontaktdaten – eine einfache, aber oft vernachlässigte Sicherheitsmaßnahme.

Die Leistungsanalyse umfasst verschiedene Aspekte: Untersuchen Sie Ihre Profilaufrufe, analysieren Sie Ihre Suchpräsenz, bewerten Sie die durchschnittliche Beitragsreichweite und verfolgen Sie die SSI-Entwicklungstrends. Diese Daten zeigen Ihnen, ob Ihre Strategie funktioniert oder Anpassungen erfordert.

Wenn Sie Sales Navigator nutzen, investieren Sie etwa zwei Stunden in strategisches Targeting. Definieren Sie präzise Zielgruppen und erstellen Sie Listen von Personen und Unternehmen, die für Ihre Geschäftsziele relevant sind. Diese monatliche Strategiearbeit sichert langfristigen Überblick und strategische Anpassungsfähigkeit.

Motivationsstrategie: Rechenschaft & Kommittent

Neue Gewohnheiten etablieren sich leichter mit einem Sparringspartner an Ihrer Seite. Teilen Sie Ihre Ziele mit Kollegen, Geschäftspartnern oder Freunden und schaffen Sie gegenseitige Anreize. Wer erreicht in 90 Tagen den höchsten Wirkungsgrad? Wer baut das qualitativ hochwertigste Netzwerk auf? Wer erzielt die nachhaltigste Engagement-Rate? Diese Struktur sorgt für Durchhaltevermögen und macht den Prozess gleichzeitig ansprechender und ist sogar mit Spaß verbunden!

Definieren Sie zunächst Ihr tägliches LinkedIn-Zeitbudget und reservieren Sie feste Zeitblöcke in Ihrem Kalender. Die frühen Morgenstunden bieten oft optimale Bedingungen für konzentrierte LinkedIn-Aktivitäten. Entwickeln Sie dann einen strukturierten Rhythmus für Ihre Tages-, Wochen- und Monatsaktivitäten und implementieren Sie ein System zur Erfolgsmessung.

Am wichtigsten ist jedoch Ihr Kommittent mit sich selbst: Verpflichten Sie sich zu einer 120 Tage Kontinuität. Diese Zeitspanne ist lang genug, um erste Ergebnisse zu sehen, und kurz genug, um fokussiert zu bleiben. Es ist ein einfacher Dreiklang: Entscheidung. Kommittent. Erfolg.

LinkedIn ist längst mehr als eine Plattform für Karrierenetzwerke. Für den Vertrieb bietet es eine Schatztruhe an Möglichkeiten, um gezielt neue Kunden zu gewinnen, bestehende Kontakte zu pflegen und sich als vertrauenswürdiger Experte in der eigenen Branche zu positionieren. Doch wie genau gelingt das? Werfen wir einen Blick auf Unternehmen, die LinkedIn erfolgreich in ihre Vertriebsstrategie integriert haben – und was wir daraus lernen können.

Wie ein Softwareunternehmen seine Lead-Qualität steigerte

Stellen Sie sich ein wachstumsstarkes SaaS-Unternehmen vor, das auf der Suche nach qualifizierten Leads ist. Anfragen gab es zwar viele, doch oft passten die Interessenten nicht zu ihrem Angebot. Anstatt weiterhin ins Blaue hinein zu Netzwerken, entschied sich das Unternehmen für eine klare LinkedIn-Strategie.

Regelmäßige Fachbeiträge, die tief in aktuelle Branchenthemen eintauchten, schafften es, die richtigen Entscheider anzusprechen. Innerhalb weniger Monate stieg die Zahl hochwertiger Anfragen um beeindruckende 35 Prozent. Doch damit nicht genug: Statt wahllos Nachrichten zu versenden, setzten sie auf gezielte Direktansprachen – mit durchschlagendem Erfolg. Die Abschlussquote erhöhte sich um 20 Prozent, weil die angesprochenen Entscheider bereits durch die Inhalte des Unternehmens überzeugt waren. Begleitende Webinare und Live-Sessions sorgten zusätzlich für Vertrauen und wertvolle Gespräche mit potenziellen Kunden.

Maschinenbau und Social Selling

Auch ein traditionelles Maschinenbauunternehmen erkannte, dass LinkedIn nicht nur für hippe Start-ups oder digitale Unternehmen relevant ist. Die Herausforderung: Wie kann man erklärungsbedürftige Produkte online so präsentieren, dass potenzielle Kunden interessiert sind? Die Antwort: Social Selling.

Anstatt sich ausschließlich auf klassische Vertriebswege zu verlassen, investierte das Unternehmen in Fachartikel und Case Studies. Diese zeigten nicht nur ihre technische Kompetenz, sondern auch konkrete Lösungsansätze für die Probleme ihrer Kunden. Zudem beteiligten sich Mitarbeiter aktiv in LinkedIn-Fachgruppen, diskutierten in den Kommentaren und bauten so organisch ihre Reichweite aus. Ein entscheidender Faktor war auch die persönliche Ansprache. Anstelle von Massenmails setzte das Team auf individuell zugeschnittene Nachrichten – mit dem Ergebnis, dass sich die Anzahl qualifizierter Leads spürbar erhöhte und langfristige Kundenbeziehungen entstanden.

Automatisierung als Geheimwaffe für eine Beratungsfirma

Ein Beratungsunternehmen stand vor einer typischen Herausforderung: Der Vertrieb war zeitintensiv und schwer zu skalieren. Die Lösung? Eine smarte Kombination aus Automatisierung und Personalisierung.

Durch eine intelligente Lead-Segmentierung im CRM konnten Interessenten präzise nach Bedürfnissen und Interessen kategorisiert werden. Die Kommunikation auf LinkedIn wurde dadurch gezielter und effizienter. Vor allem die personalisierten Nachrichten machten den Unterschied: Sie erzielten eine um 30 Prozent höhere Antwortquote als standardisierte Anfragen. Doch das Unternehmen ging noch einen Schritt weiter – mit kontinuierlicher Datenanalyse und A/B-Tests wurde die gesamte Strategie immer weiter optimiert. Das Resultat: Eine Lead-Generierung, die nicht nur skaliert werden konnte, sondern auch beständig hochqualifizierte Kontakte lieferte.

Was können Sie daraus mitnehmen?

Diese Beispiele zeigen eindrucksvoll, dass LinkedIn im Vertrieb weit mehr ist als nur eine Kontaktplattform. Wer erfolgreich sein will, setzt auf eine Mischung aus hochwertigen Inhalten, gezieltem Networking und strategischer Automatisierung. Der Schlüssel zum Erfolg liegt in einer durchdachten und datengetriebenen Vorgehensweise. Unternehmen, die ihre Strategie kontinuierlich weiterentwickeln und anpassen, profitieren nicht nur von neuen Kunden, sondern auch von langfristigen, stabilen Geschäftsbeziehungen.

Die gute Nachricht? Sie können diese Ansätze direkt auf Ihr eigenes Vertriebsmodell übertragen. Also, worauf warten Sie noch?

42. SCHLUSSWORT & NÄCHSTE SCHRITTE

Die erfolgreiche Nutzung von LinkedIn für die Lead-Generierung und den Vertrieb erfordert eine durchdachte Strategie, kontinuierliche Optimierung und authentische Kommunikation. Unternehmen, die auf nachhaltige Methoden setzen, können langfristig stabile Geschäftsbeziehungen aufbauen und ihre Reichweite systematisch erweitern.

Wichtige Erkenntnisse

- Personal Branding und Expertenstatus: Durch hochwertigen Content und gezielte Interaktionen wird Vertrauen aufgebaut.
- Strategische Vernetzung: Der bewusste Ausbau des Netzwerks mit relevanten Kontakten steigert die Sichtbarkeit und die Chance auf neue Geschäftsbeziehungen.
- Effiziente Lead-Pflege: Durch kontinuierliche Kommunikation und Lead-Nurturing lassen sich Interessenten gezielt zu Kunden entwickeln.
- Messbarkeit und Optimierung: Die Analyse relevanter KPIs ermöglicht eine datengetriebene Optimierung der Vertriebsstrategien.
- Profil optimieren: Ein professionelles LinkedIn-Profil mit klarem Nutzenversprechen ist die Basis für erfolgreiche Interaktionen.
- Content-Strategie entwickeln: Regelmäßige Beiträge, Artikel und Interaktionen helfen, Sichtbarkeit und Engagement zu steigern.
- Gezielte Vernetzung beginnen: Entscheidungsträger und potenzielle Kunden gezielt ansprechen und sinnvolle Verbindungen aufbauen.
- Automatisierung mit Bedacht nutzen: Prozesse wie Follow-ups und Lead-Qualifizierung können unterstützt, aber nicht vollständig ersetzt werden.
- Regelmäßige Erfolgsmessung: KPIs wie Antwortraten, Lead-Conversion und Engagement-Rate überwachen und Strategie anpassen.

LinkedIn bietet enorme Potenziale für die Lead-Generierung und den Vertrieb, erfordert jedoch eine strategische Herangehensweise. Unternehmen, die ihre Aktivitäten konsequent optimieren, langfristige Beziehungen aufbauen und datengetrieben arbeiten, werden nachhaltig erfolgreich sein. Der Schlüssel liegt in einer

Mischung aus Automatisierung, persönlicher Ansprache und kontinuierlicher Anpassung an Marktveränderungen.

Zusammenfassung der Kernpunkte

Die Nutzung von LinkedIn zur Lead-Generierung und zum Vertrieb erfordert eine klare Strategie, kontinuierliche Optimierung und authentische Interaktion. Die wichtigsten Erkenntnisse aus diesem Leitfaden lassen sich wie folgt zusammenfassen:

1. Profil-Optimierung

Ein professionelles LinkedIn-Profil mit klarem Nutzenversprechen ist die Grundlage für erfolgreiche Interaktionen.

Aussagekräftige Inhalte, eine überzeugende „Über mich"-Sektion und ein ansprechendes Profilbild stärken die Wirkung.

2. Content-Strategie

Regelmäßige, hochwertige Inhalte stärken die Expertenpositionierung und erhöhen die Reichweite.

Beiträge, Artikel und Kommentare fördern Engagement und steigern die Sichtbarkeit.

3. Strategische Vernetzung

Gezielte Vernetzung mit Entscheidungsträgern und relevanten Kontakten erhöht die Chancen auf neue Geschäftsbeziehungen.

Authentische Kommunikation und echtes Interesse an den Kontakten sind essenziell.

4. Social Selling & Lead-Nurturing

Kontinuierliche Pflege der Kontakte durch regelmäßige Interaktion und Mehrwert-Angebote.

Systematische Nutzung von LinkedIn-Features wie Direktnachrichten und Gruppen zur Kundenbindung.

5. Messbarkeit & Optimierung

Erfolgskennzahlen (KPIs) wie Engagement-Rate, Conversion-Rate und Wachstum des Netzwerks regelmäßig analysieren.

Anpassung der Strategie basierend auf datengetriebenen Erkenntnissen.

Der Schlüssel zu einer erfolgreichen LinkedIn-Strategie liegt in der konsequenten Umsetzung und der kontinuierlichen Optimierung. Starte mit kleinen, fokussierten Maßnahmen und erweitere deine Aktivitäten systematisch, um nachhaltige Erfolge zu erzielen.

Nächste Schritte und Handlungsempfehlungen

Herzlichen Glückwunsch! Sie haben das letzte Kapitel erreicht. Vielen Dank, dass Sie sich die Zeit genommen haben – ich weiß, es waren viele Informationen! Nun geht es darum, wie Sie das Gelernte in die Praxis umsetzen – ob Sie den Weg alleine gehen oder sich professionelle Unterstützung holen.

Entwickeln Sie Ihre Social-Selling-Strategie

Überlegen Sie, welche Elemente aus diesem Buch für Sie, Ihr Unternehmen und Ihr Team am relevantesten sind. Nehmen Sie sich die Zeit, um die Inhalte zu reflektieren und die empfohlenen Maßnahmen aus jedem Kapitel gezielt umzusetzen.

Denken Sie auch darüber nach, wer in Ihrem Unternehmen von diesem Wissen profitieren könnte. Wäre das Buch möglicherweise für Ihre Führungsebene, das Marketing- oder Vertriebsteam interessant? Falls Sie mehrere Exemplare benötigen, können Sie größere Mengen direkt bei mir bestellen – schreiben Sie mir einfach eine Nachricht auf LinkedIn, wenn Sie mehr als 20 Bücher erwerben möchten.

Planen Sie Ihren nächsten Schritt

Entscheiden Sie, ob Sie die Umsetzung eigenständig angehen oder professionelle Unterstützung in Anspruch nehmen möchten. Unabhängig davon, für wen Sie sich entscheiden – treffen Sie eine fundierte Wahl.

Individuelle Unternehmensberatung & Trainings

Falls Sie mich für eine Zusammenarbeit in Ihrem Unternehmen in Betracht ziehen, wäre der beste nächste Schritt ein unverbindliches Kennenlerngespräch. So können wir gemeinsam herausfinden, ob eine Zusammenarbeit sinnvoll ist.

Buchen Sie hier einen Termin: https://dlick.de/zeit-buchen/

Einige Beispiele für maßgeschneiderte Unternehmensschulungen, die ich bereits in über 500 Schulungen durchgeführt habe:

- LinekdIn für Einsteiger
- LinkedIn Webinar
- LinkedIn Schulungen vor Ort
- LinkedIn Workshops
- Sales Navigator Training für Vertriebsteams

Jedes Unternehmen ist einzigartig – es gibt keine universelle Lösung. Lassen Sie uns gemeinsam herausfinden, welche Strategie für Sie und Ihr Team die richtige ist.

Kontaktieren Sie mich per E-Mail: dl@dlick.de oder schreiben Sie mir direkt auf LinkedIn. Sie können auch meine Seite besuchen und sich anmelden:

https://linkedin-seminar.de

Die Kurse richten sich sowohl an Einsteiger, Vertriebsteams als auch erfahrene Unternehmer.

Und zu guter Letzt: Stellen Sie mir eine Kontaktanfrage unter:

www.linkedin.com/in/lickschat

Über Dirk Lickschat

Dirk Lickschat ist ein erfahrener Experte im Bereich Online-Marketing und Social Selling mit einem besonderen Fokus auf LinkedIn-Strategien. Er unterstützt mittelständische Unternehmen dabei, durch gezieltes Networking, effektive Lead-Generierung und KI datengetriebenes Social Selling ihre Vertriebsziele zu erreichen.

Mit langjähriger Erfahrung in den Bereichen SEO, SEA, Social Media und Unternehmensstrategie hat er zahlreichen Unternehmen geholfen, ihre digitale Sichtbarkeit zu erhöhen und nachhaltige Geschäftsbeziehungen aufzubauen. Dirk kombiniert praxisnahe Ansätze mit fundiertem Fachwissen, um individuelle Strategien für seine Kunden zu entwickeln.

Neben seiner beratenden Tätigkeit gibt er regelmäßig Schulungen und Workshops, in denen er sein Wissen über LinkedIn und digitales Marketing teilt. Sein Ansatz zeichnet sich durch klare, umsetzbare Maßnahmen und eine enge Zusammenarbeit mit seinen Kunden aus.